학령기 아동의
어휘치료 프로그램

-기본편-

황민아 감수 | **최용주 · 황주영 · 박용희** 공저

학지사

머리말 ❖

    언어발달지체 아동들 가운데 일부는 생활연령과 언어연령 간의 차이를 좁히지 못한 채 학령기에 접어들게 된다.

    학령기가 되면 학교와 지역사회로 아동의 생활 반경이 확장되고 그에 필요한 언어적 내용과 지식도 더욱 방대해진다. 또한 문어발달은 구어발달과 함께 학습에 영향을 미치게 된다. 따라서 아동의 언어능력이 이에 상응하지 못할 경우 언어문제는 더욱 심화될 수 있다.

    이 책은 학령기에 접어든 언어발달지체 아동에게 변화된 생활환경과 학습 장면에서 필수적인 어휘를 다루었다.

    기본편에서는 학교와 집에 관련된 어휘를 다루었으며 생활과 학습에서 빈도수가 높은 어휘들로 선별하였다.

    명사와 동사를 의미와 산출로 나누어 제시하였으며 특히 대부분의 동사가 그림으로 표현되었을 때 가지게 되는 의미전달의 제약을 감안하여 세 컷의 그림을 통해 동사의 의미를 자연스럽게 파악하도록 하였다.

    또한 어휘 습득에서 나아가 어휘 의미의 속성을 구별 · 비교하며 추론 능력을 확장시키고 이야기 속에 어휘를 적용하여 자연스럽게 읽기에서의 어휘 능력을 점검하며 파생어, 합성어, 유의어, 반의어, 관용어 등 어휘 관계를 통해 어휘 확장을 할 수 있는 방법을 제시하였다.

    즉, 이 책은 학령기라는 새로운 상황에서의 어휘 내용과 학령기에 맞는 조직적이고 체계적인 어휘 촉진의 방법을 제시해 보고자 시도하였다.

    이 책이 나오기까지 도움을 주신 황민아 교수님께 감사드리고, 자료를 정리해 주신 최수빈 선생님, 김수현 선생님께 감사드린다.

    아동의 상태나 수준에 따라 어휘의 추가 및 선별이 필요할 것이라 판단되며, 이 책이 임상 현장에 있는 치료사들에게 조금이나마 도움이 되길 바란다.

저자 일동

- 이 책은 '학교'와 '집'이라는 두 개의 테마로 구성되어 있습니다. 학령기의 학교라는 주된 환경의 변화와 어휘의 질적인 발달 단계를 반영하였습니다.
- 이 책에 실린 어휘는 초등학교 1~3학년의 생활 어휘와 교과서 어휘 중 고빈도 단어들로 선별하였습니다.
- 어휘의 난이도를 쉬운 것부터 어려운 것으로 골고루 구성하여 아동의 수준에 따라 선택할 수 있도록 하였습니다.
- 입말을 기준으로 하였기 때문에 정식 복합어가 아니더라도 복합어처럼 사용되는 경우가 많은 단어는 하나의 단어로 제시하였습니다.

각 장은 어휘의 산출과 의미습득 단계를 거쳐서 구문과 이야기 속에 적용하고 확장할 수 있도록 다음과 같이 구성되어 있습니다.

📺 어휘 목록 및 그림 자료

해당 단원의 목록이 제시되어 있으며 치료 전 수행 수준과 치료 과정에서의 수행 수준을 기록할 수 있도록 되어 있습니다.

📺 명사 의미습득

아동이 그림 속에서 어휘를 찾아내고, 점선을 따라 그림을 완성하며, 어휘의 지각적 속성을 파악하고, 가장 쉬운 구문을 통해 의미를 파악할 수 있도록 하였습니다.

📺 명사 산출연습

아동이 어휘를 음운적으로 인식하고 산출할 수 있도록 초성 힌트의 단계를 나누어 제시하였습니다.

📺 동사 의미습득

설명이 길어지면 이해의 어려움을 겪는 아동을 위해 동사의 의미를 세 컷의 연속 그림을 통해 이해할 수 있도록 구성하였습니다.

📺 동사 산출연습

동사가 산출되는 상황들을 제시하고 그 상황에서 동사를 반복하여 사용하면서 동사를 익힐 수 있도록 구성하였습니다.

📺 어휘 추론

각 단원에서 배운 어휘들을 '배제하기'를 통해 의미의 속성을 구별·비교할 수 있으며, 두 줄로 이루어진 문장의 의미를 종합하여 어휘의 의미를 추론할 수 있도록 하였습니다.

📺 어휘 적용

각 단원에서 배운 어휘들이 적용된 이야기를 읽으며, 전체적인 글의 흐름을 따라가기 위한 어휘 지식이 충분한지 점검해 볼 수 있도록 하였습니다.

📺 어휘 확장

각 단원에서 배운 어휘의 파생어, 합성어, 유의어, 반의어, 관용어 등의 어휘 관계를 통해 어휘를 확장해 나갈 수 있도록 하였습니다.

❖ 차 례

제1장

우리 학교

1. 학용품(1)

명사	치료 전	1	2	3
가방				
공책				
연필				
자				
지우개				
필통				
알림장				
교과서				
가정통신문				
실내화				
실내화 주머니				

동사	치료 전	1	2	3
의논하다				
발표하다				
가르치다/배우다				
질문하다				

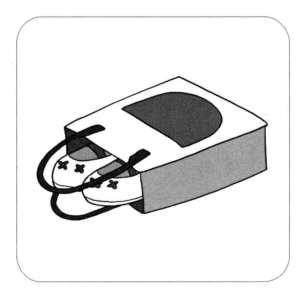

명사 의미습득

● 점선을 따라 그려 보세요. 그림과 문장을 완성해 보세요.

(　　　　　)을 메요.

(　　　　　)에 써요.

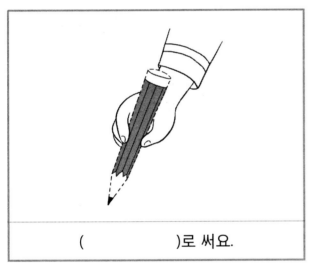

(　　　　　)로 써요.

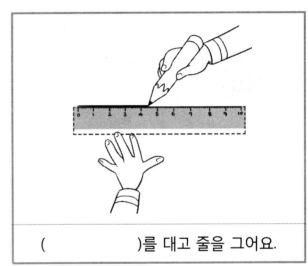

(　　　　　)를 대고 줄을 그어요.

(　　　　　)로 지워요.

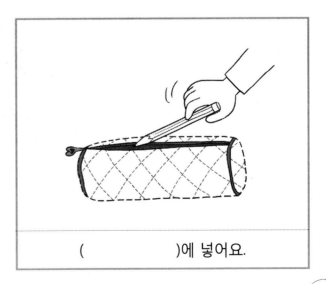

(　　　　　)에 넣어요.

(   )에 써요.

(   )를 펴요.

(   )을 드려요.

(   )를 신어요.

(   )에 넣어요.

명사 산출연습

● 첫 자음 힌트를 보며 단어를 말해 보세요.

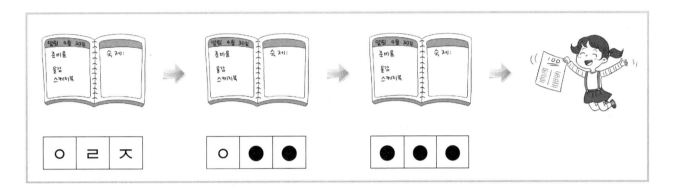

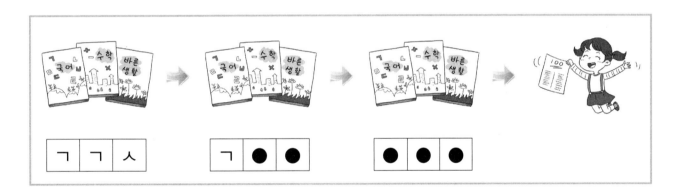

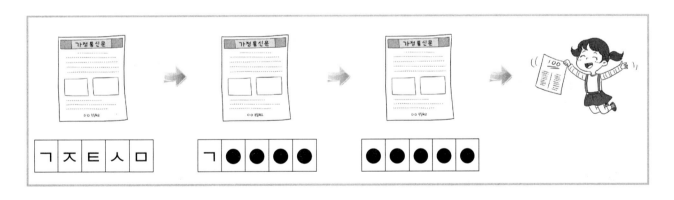

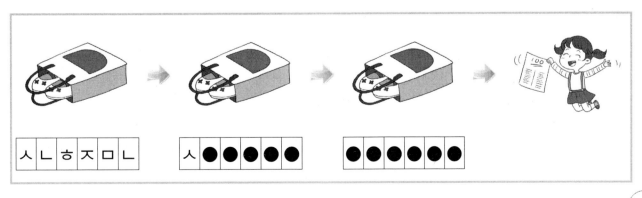

동사 의미습득

● 동사를 넣어 다음 그림을 이야기해 보세요.

의논하다

발표하다

가르치다/배우다

질문하다

동사 산출연습

● 다음 그림을 보고 동사를 넣어 문장을 완성하세요.

| 약속 시간을 ( ). | 생일 선물에 대해 ( ). | 어디로 갈지 ( ). |

| 손 들고 ( ). | 국어 시간에 ( ). | 가수가 새 노래를 ( ). |

15

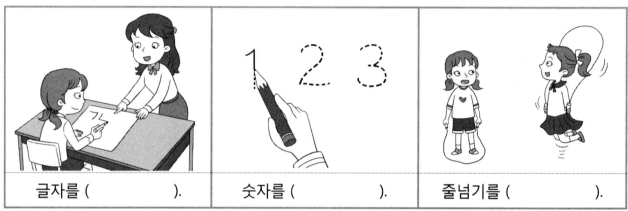

글자를 (   ).

숫자를 (   ).

줄넘기를 (   ).

선생님께 (   ).

아빠에게 (   ).

수업시간에 (   ).

어휘 추론

● 다음 설명을 읽고 정답이 아닌 것을 하나씩 지워 가세요.

보기

책가방   공책   연필   지우개   베개

① 학교 갈 때 가져가요. (책가방, 공책, 연필, 지우개, 베개)

② 필통에 넣어요. (책가방, 공책, 연필, 지우개, 베개)

③ 깎아서 사용해요. (책가방, 공책, 연필, 지우개, 베개)

정답: 연필

---

1)

공책   알림장   교과서   실내화

① 종이로 되어 있어요.

② 공부할 때 필요해요.

③ 받아쓰기도 여기에 해요.

정답 _____

2)

가르치다   배우다   발표하다   질문하다   자다

① 수업시간에 해요

② 손을 들고 해요

③ 아는 것을 말해요.

정답 _____

● 다음 문장을 읽고 빈칸을 채워 보세요.

명사

1) [   ]이 너무 무거워요.

   책을 너무 많이 넣었나 봐요.

2) [   ]을 펴고 바른 글씨 쓰기를 했어요.

   다 쓴 후 검사를 맡았어요.

3) [   ]을 깎았어요.

   그랬더니 너무 뾰족해졌어요.

4) 줄이 반듯하게 그어지지 않아요.

   아무래도 [   ]를 대고 그려야겠어요.

5) 볼펜은 [   ]로 못 지워요.

   연필만 지울 수 있어요.

6) [   ]이 열려 있었어요.

   연필과 지우개가 모두 쏟아졌어요.

7) 선생님이 숙제들을 칠판에 적어 주셨어요.

   [   ]에 받아 적어야 해요.

8) 새 학기가 되었어요.

　　새로 공부할 [　　　　　　　　　]를 받아 왔어요.

9) 엄마에게 [　　　　　　　　]을 보여 드려요.

　　내가 언제 소풍을 가는지 알 수 있어요.

10) 교실에 들어갈 때엔 [　　　　　　　　]로 갈아 신어요.

　　운동화를 벗어서 [　　　　　　　]에 넣어요.

동사

1) 운동회 때 반별 대표 선수들이 달리기 시합을 하게 되었어요.

　　우리는 누구를 뽑을지 (　　　　　　　　).

2) 모모가 제일 먼저 손을 들었어요.

　　그리고 모모가 일어나서 (　　　　　　　　).

3) 선생님께서 칠판에 글자를 써서 가르쳐 주셨어요.

　　우리는 열심히 한글을 (　　　　　　　　).

4) 국어 시간에 모르는 낱말이 나왔어요.

　　나나는 무슨 말인지 몰라서 선생님께 (　　　　　　　　).

어휘 적용

● 모모의 실수

알림장, 공책, 연필, 필통

모모는 숙제를 하기 위해 ☐☐☐ 을 폈습니다.

오늘 숙제는 학용품에 학년, 반, 이름을 써 오는 것이었습니다.

모모는 열심히 이름을 쓰기 시작했습니다.

잠시 후 모모의 방에 들어온 모모의 엄마는 깜짝 놀랐습니다.

모모는 ☐☐☐ , ☐☐☐ , ☐☐☐ , ☐☐☐☐ 에 이름을 다 쓰고

책상, 침대, 양말, 팬티에까지 이름을 쓰고 있었습니다.

🎙 이야기 나누기

모모는 무엇을 잘못했을까요?
모모는 왜 이런 실수를 했을까요?
다음에 어떤 일이 일어날지 이야기해 보세요.

● 내 마음대로 할 거야!

의논하다

나나와 모모는 같은 모둠이 되었어요.

선생님께서는 모둠 이름을 무엇으로 정할지 ☐☐ 하라고 하셨어요.

모모는

"로켓 모둠 하자. 로켓이 제일 빨라. 로켓."

그러자 나나가

"즐거운 모둠 어때?"

"그래. 즐거운 모둠하자."

친구들이 모두 '즐거운 모둠'을 하자고 하였어요.

"싫어. 로켓 모둠으로 하자니까."

모모는 계속 고집을 부렸어요.

🎙 이야기 나누기

모모는 무엇을 잘못했을까요?

다른 친구들은 어떤 마음이 들었을지 마음주머니에 써 보세요.

다음에 어떤 일이 일어날지 이야기해 보세요.

어휘 확장

● 다음 보기에서 그림에 해당하는 낱말을 골라 보세요. 그리고 알맞은 낱말을 골라 문장에 넣어 보세요.

보기

학교　　　　학생　　　　입학　　　　학용품

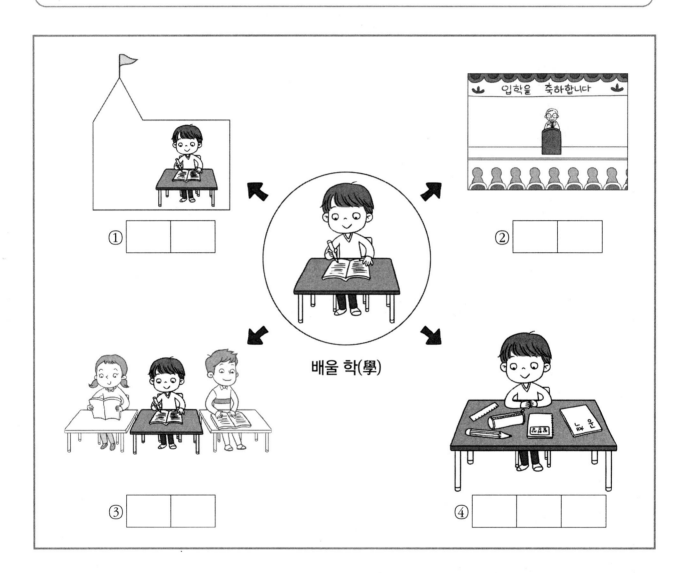

배울 학(學)

(① 　　　　　　　　　　　　)에서 공부를 했어요.

내 동생은 올해 학교에 (② 　　　　　　　　　　)해서 1학년이에요.

초등학교에 입학하면 초등(③ 　　　　　　　　)이에요.

공부할 때는 (④ 　　　　　　　　)이 필요해요.

● 나나처럼 낱말의 뜻을 이야기해 보세요.

실내화는
실내에서 신는 신발이야.

① 운동화는 (   ).

② 축구화는 (   ).

③ 등산화는 (   ).

2. 학용품(2)

 어휘 목록(습득＋, 미습득－)

명사	치료 전	1	2	3
색종이				
풀				
가위				
스케치북				
색연필				
크레파스				
도화지				
물감				
붓				
실로폰				
탬버린				
리코더				

동사	치료 전	1	2	3
연주하다				
꾸미다				
빌리다/빌려주다				
필요하다				

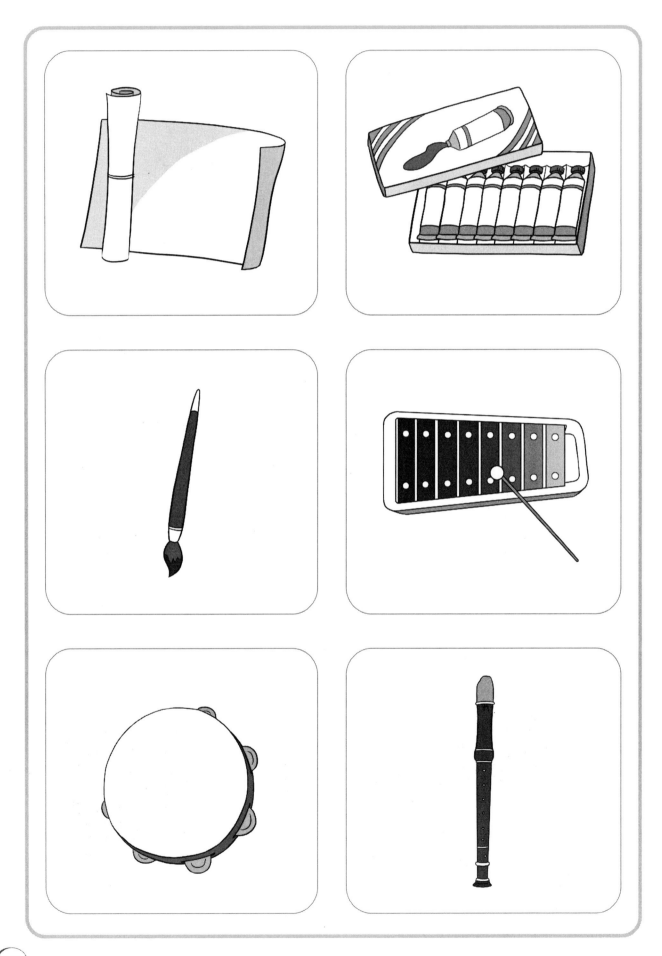

명사 의미습득

● 점선을 따라 그려 보세요. 그림과 문장을 완성해 보세요.

(   )를 접어요.

(   )로 붙여요.

(   )로 잘라요.

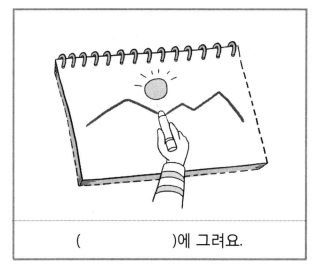

(   )에 그려요.

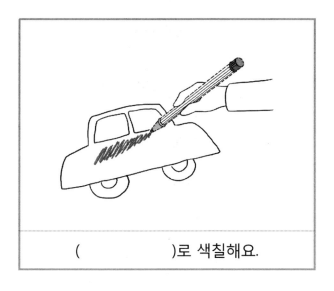

(   )로 색칠해요.

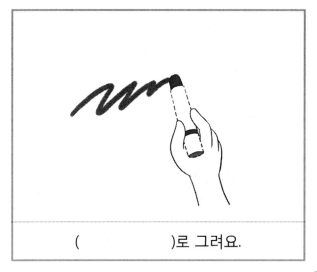

(   )로 그려요.

(   )에 그려요.

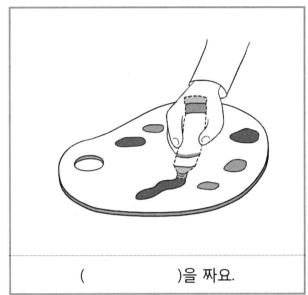

(   )을 짜요.

(   )으로 색칠해요.

(   )을 쳐요.

(   )을 흔들어요.

(   )를 불어요.

명사 산출연습

● 첫 자음 힌트를 보며 단어를 말해 보세요.

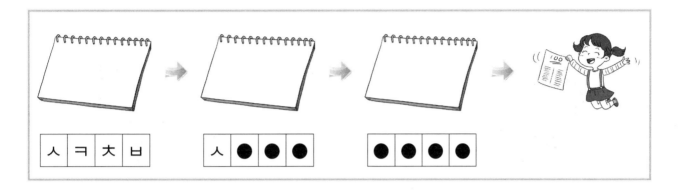

| ㅅ | ㅋ | ㅊ | ㅂ |

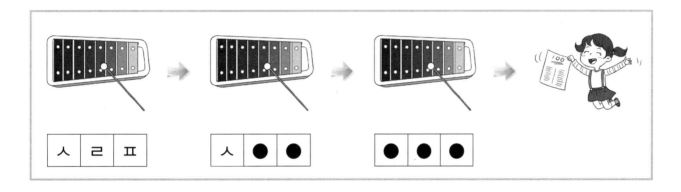

| ㅅ | ㄹ | ㅍ |

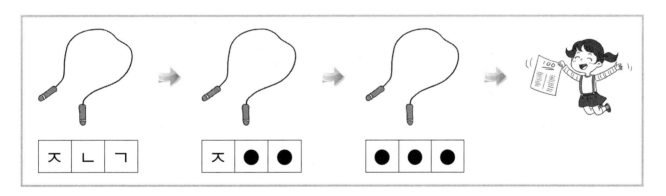

| ㅈ | ㄴ | ㄱ |

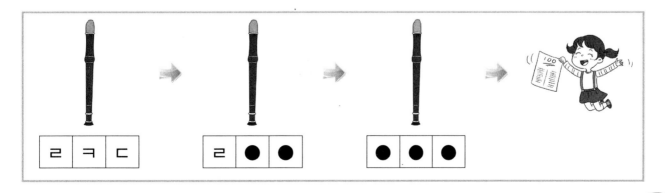

| ㄹ | ㅋ | ㄷ |

동사 의미습득

● 동사를 넣어 다음 그림을 이야기해 보세요.

연주하다

꾸미다

빌리다/빌려주다

필요하다

동사 산출연습

● 다음 그림을 보고 동사를 넣어 문장을 완성하세요.

리코더를 (   ).

피아노를 (   ).

친구와 하모니카를
(   ).

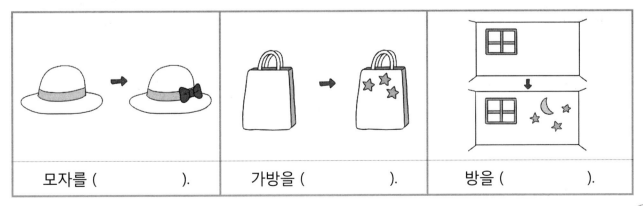

모자를 (   ).

가방을 (   ).

방을 (   ).

도서 대여		
도서관에서 책을 ( ).	크레파스를 ( ).	친구한테 연필을 ( ).

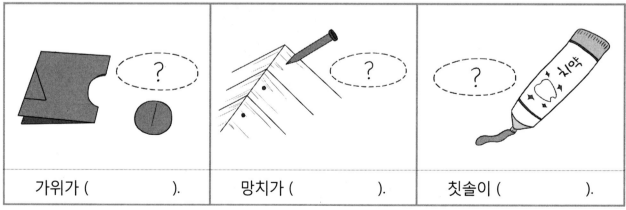

가위가 ( ).	망치가 ( ).	칫솔이 ( ).

🛰 어휘 추론

● 다음 설명을 읽고 정답이 아닌 것을 하나씩 지워 가세요.

1)
색연필　붓　물감　크레파스　실로폰

　　① 색칠할 때 사용해요.

　　② 여러 가지 색깔이 있어요.

　　③ 채점을 할 때도 사용해요.

　　　　　　　　　　　　　　　　　　　정답 ＿＿＿＿＿＿＿

2)
빌리다　빌려주다　필요하다　연주하다

　　① 무언가가 없어요.

　　② 나에겐 없어요.

　　③ 다 쓰고 돌려주어야 해요.

　　　　　　　　　　　　　　　　　　　정답 ＿＿＿＿＿＿＿

● 다음 문장을 읽고 빈칸을 채워 보세요.

명사

1) 미술시간에 종이접기를 했어요.

　　[　　　　　　　　　　]로 꽃을 접었어요.

2) [　　　　　　　　　　]로 종이를 붙였어요.

　　떨어지지 않고 잘 붙었어요.

3) 동그라미 모양 색종이가 필요해요.

　　[　　　　　　　　　　]로 잘랐어요.

4) [   ]에 꽃밭을 그렸어요.

   그 다음 장에는 엄마 얼굴을 그렸어요.

5) 크레파스가 없어서 [   ]로 색칠했어요.

   크레파스보다 더 길고 가늘어요.

6) 미술 시간에 [   ]로 색칠해요.

   부러지거나 손에 묻을 수도 있어요.

7) 선생님이 [   ]를 한 장씩 나눠 주셨어요.

   짝꿍 얼굴을 그려 보라고 하셨어요.

8) 그림을 그리고 색칠할 거예요.

   [   ]을 팔레트에 짜야 해요.

9) 물감으로 색칠할 거예요.

   [   ]으로 물감을 색칠해요.

10) 딩동댕동~

   [   ]을 치니 소리가 나요.

11) 찰랑찰랑~

   [   ]을 흔들어서 연주해요.

12) [   ]를 입으로 불어요.

　　손가락으로 구멍을 막으면서 연주해요.

1) 음악 시간이에요.

　　피아노에 맞추어 모모는 리코더를, 나나는 실로폰을 (   ).

2) 모모는 호랑이 탈을 만들기로 했어요.

　　크레파스로 색칠하고 색종이를 오려 붙여서 멋지게 (   ).

3) 나나는 준비물을 깜빡하고 가위를 가지고 오지 않았어요.

　　그래서 모모에게 (   ).

4) 나나는 연필을 가지고 오지 않아 공부를 할 수가 없어요.

　　그래서 모모가 나나에게 (   ).

5) 밖에 나가려니 비가 와요.

　　비가 올 땐 우산이 (   ).

어휘 적용

● 이상한 연주회

실로폰, 리코더, 탬버린

모모네 반의 음악 시간이었습니다.

실로폰, 리코더, 탬버린으로 동요를 연주하는 것을 배웠습니다.

| | | | 소리는 '딩동딩동' 구슬이 굴러가는 소리 같았습니다. |
| 소리는 '필릴리' 맑은 새소리 같았습니다. |
| 소리는 '찰찰찰' 신나게 흘러가는 시냇물 소리처럼 들렸습니다. |

연습이 끝나고 함께 연주를 시작했습니다.

그러자 모두 '앗!'하고 귀를 막았습니다.

🎤 이야기 나누기

왜 귀를 막았을까요?
다음에 어떤 일이 일어날지 이야기해 보세요.

● 준비물을 안 가져 왔어요.

크레파스, 스케치북

미술 시간에 나나는 크레파스는 가져왔는데 스케치북을 가져오지 않았습니다.

모모는 스케치북은 가져왔는데 크레파스를 가져오지 않았습니다.

나나가 모모에게

"⬜⬜⬜⬜ 한 장만 빌려줘."

라고 말하였습니다.

모모는

"싫어."

라고 대답했습니다.

잠시 후 모모는 나나에게 말하였습니다.

"⬜⬜⬜⬜ 좀 빌려줘."

🎤 이야기 나누기

나나는 모모에게 준비물을 빌려주었을까요?

그 이유는 무엇일까요?

어휘 확장

● 다음 보기에서 그림에 해당하는 낱말을 골라 보세요. 그리고 알맞은 낱말을 골라 문장에 넣어 보세요.

보기

| 색연필 | 색종이 | 염색 | 바탕색 |

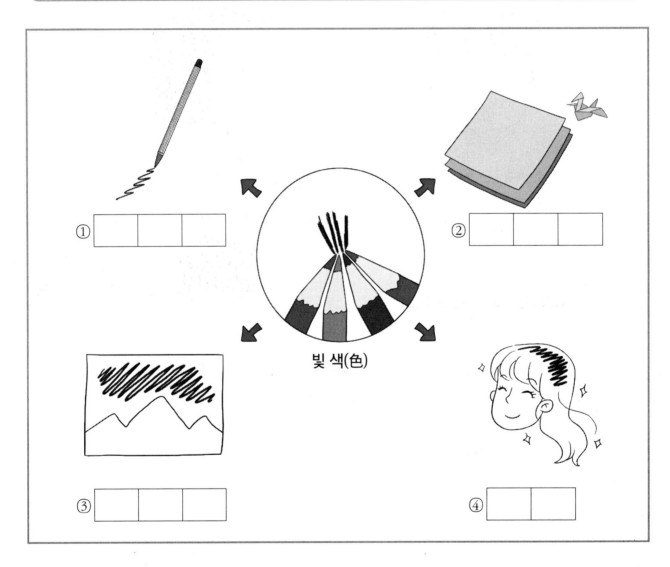

빛 색(色)

(①   )로 색칠했어요.

(②   )를 접었어요.

(③   )은 마지막에 칠했어요.

엄마가 머리를 (④   )했어요.

● 모모와 나나의 말을 듣고 잘못된 부분을 찾아 고쳐 보세요.

나는 연필이 없어서
나나한테 연필을 빌려주었어.
나나가 나한테 연필을 빌렸어.
그래서 고마웠어.

난 친구가 우리 집에
놀러 가면 정말 좋아요.
그리고 내가 친구 집에
놀러 오는 것도 좋아요.

3. 교실 비품

 어휘 목록(습득+, 미습득-)

명사	치료 전	1	2	3
청소도구함				
빗자루				
쓰레받기				
대걸레				
사물함				
게시판				
책장				
서랍				
칠판				
분필				
칠판지우개				
교탁				
시간표				
출석부				
컴퓨터				

동사	치료 전	1	2	3
정리하다				
검사 맡다				
출석하다				
결석하다				

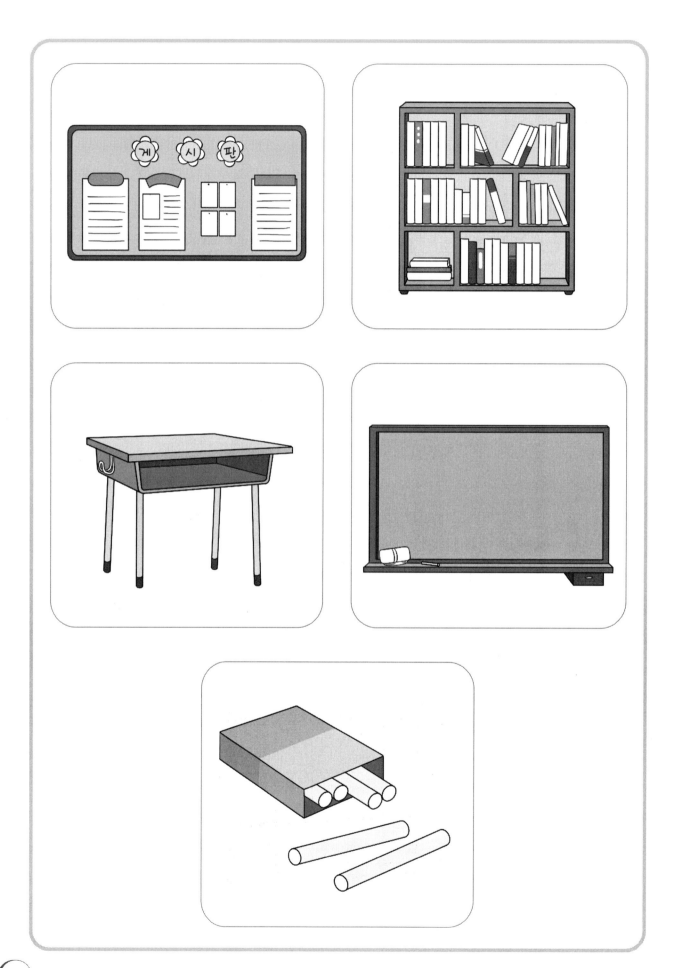

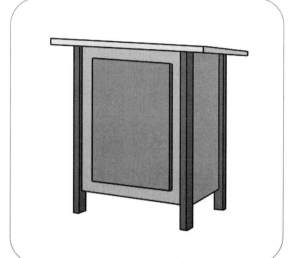

명사 의미습득

● 점선을 따라 그려 보세요. 그림과 문장을 완성해 보세요.

(   )에서 꺼내요.

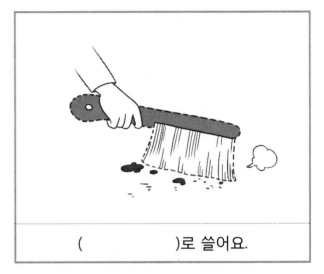
(   )로 쓸어요.

(   )에 담아요.

(   )로 닦아요.

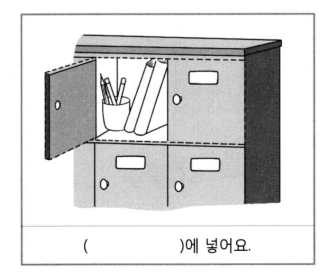
(   )에 넣어요.

(   )에 붙여요.

(   )에 책이 있어요.

(   )에 색종이가 있어요.

(   )에 써요.

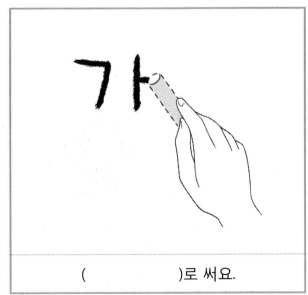

(   )로 써요.

(　　　　　)로 지워요.

(　　　　　)에 선생님이 있어요.

(　　　　　)를 붙여요.

(　　　　　)를 봐요.

(　　　　　)로 수업해요.

명사 산출연습

● 첫 자음 힌트를 보며 단어를 말해 보세요.

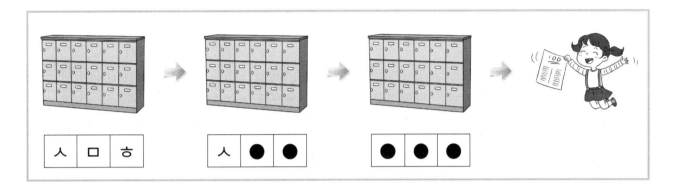

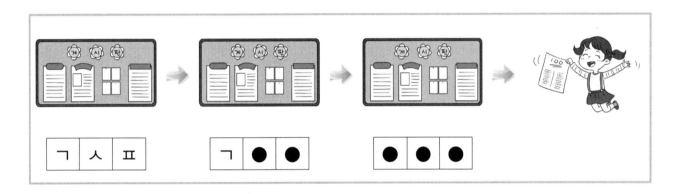

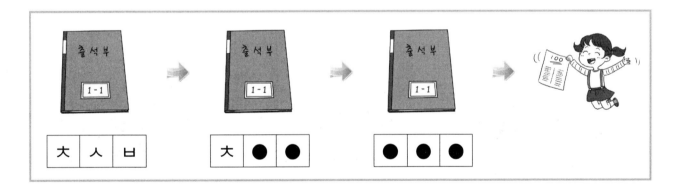

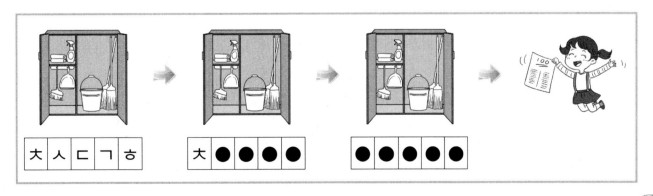

동사 의미습득

● 동사를 넣어 다음 그림을 이야기해 보세요.

정리하다

검사 맡다

출석하다

결석하다

동사 산출연습

● 다음 그림을 보고 동사를 넣어 문장을 완성하세요.

방 안을 (   ).   옷장을 (   ).   사물함을 (   ).

숙제를 (   ).   일기를 (   ).   만들기를 (   ).

학교에 (   ).

학원 (   ) 카드

모두 네 명이 (   ).

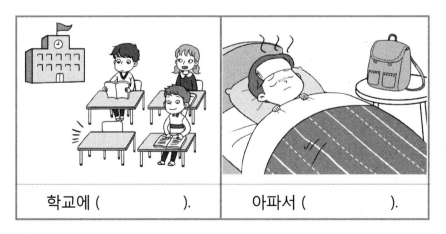

학교에 (   ).

아파서 (   ).

🛰 어휘 추론

● 다음 설명을 읽고 정답이 아닌 것을 하나씩 지워 가세요.

1)
청소도구함　　빗자루　　쓰레받기　　대걸레

　　① 청소도구예요.

　　② 먼지를 모아서 버려요.

　　③ 여기에 담아서 버려요.

정답 _____

2)
정리하다　　검사 맡다　　출석하다　　결석하다

　　① 선생님이 체크해요.

　　② 출석을 불러 확인해요

　　③ 학교에 오지 않았어요.

정답 _____

● 다음 문장을 읽고 빈칸을 채워 보세요.

명사

1) 청소시간이 되었어요.

　　[　　　　　　　　　]에서 빗자루, 쓰레받기를 꺼내 와요.

2) 바닥에 먼지들이 많이 떨어져 있어요.

　　[　　　　　　　　　]를 가져와서 쓸어야 해요.

3) 먼지들을 빗자루로 쓸었어요.

　　[　　　　　　　　　]에 담아서 쓰레기통에 버려야 해요.

4) 빗자루로만 쓸면 바닥이 깨끗하지 않아요.

[   ]로 닦아야 해요.

5) 책과 준비물을 매일 가지고 다닐 수 없어요.

그래서 [   ]에 보관해요.

6) 친구들이 그림을 그렸어요.

잘 그린 그림은 [   ]에 붙여 놓아요.

7) 책들이 바닥에 흩어져 있어요.

[   ]에 꽂아 정리해요.

8) 책상 밑에 [   ]이 있어요.

오늘 공부할 책들을 넣어 놨어요.

9) 선생님이 [   ]에 글씨를 써요.

분필로 하얀색 글씨를 썼어요.

10) 선생님이 [   ]로 글씨를 써요.

칠판에 크게 썼어요.

11) 쉬는 시간에 칠판을 지워요.

[   ]로 깨끗하게 지워요.

12) 선생님은 [   ] 위에 출석부를 올려놓으셨어요.

그리고 출석을 부르기 시작했어요.

13) [   ]를 보니 내일은 체육수업이 있어요.

체육복을 입고 와야 해요.

14) 친구가 오늘 아파서 학교에 안 왔어요.

선생님이 [   ]에 표시했어요.

15) 선생님이 [   ]를 켰어요.

인터넷으로 공부도 할 수 있어요.

동사

1) 학교 수업이 모두 끝났어요.

모모는 집에 가려고 책상을 (   ).

2) 선생님께서 어제 숙제를 내주셨어요.

오늘 나나는 선생님께 숙제를 (   ).

3) 오늘은 즐거운 소풍 가는 날이에요.

반 친구들 모두 한 명도 빠짐없이 (   ).

4) 비를 맞았더니 감기에 걸렸어요.

열이 나고 목이 아파서 학교에 (   ).

어휘 적용

● 이럴 땐 어떻게 하지?

> 청소도구함, 빗자루, 쓰레받기, 대걸레

모모는 오늘 청소 당번이었습니다.

모모네 모둠은 [   ]로 먼지를 쓸어 내고 [   ]로 바닥을 닦았습니다.

청소가 끝나고 [   ]와 [   ], [   ]를

[   ]에 정리하였습니다.

그런데 모모가 시계를 보자 미술 학원에 갈 시간이 지나 있었습니다.

"나나야. 나 갈게."

"안 돼. 선생님께 검사 맡고 가야 해."

🎤 이야기 나누기

다음에 어떤 일이 일어날지 이야기해 보세요.
내가 모모라면 어떻게 할지 이야기해 보세요.

● 나도 결석하고 싶어요.

결석하다

오늘 나나가 아파서 학교에 ☐☐ 하였습니다.

모모는 옆자리가 비어 있으니 쓸쓸했습니다.

그러다 문득 집에 있을 나나가 부러웠습니다.

다음날 아침 모모는 엄마에게

"엄마. 배가 너무 아파. 결석해야 할 것 같아."

라고 말하였습니다.

🎙️ 이야기 나누기

모모는 왜 배가 아프다고 했을까요?

학교에 가기 싫었던 경험을 이야기해 보세요.

다음에 어떤 일이 일어날지 이야기해 보세요.

어휘 확장

● 다음 보기와 같이 빈칸에 알맞은 낱말을 채워 보세요.

출석하다 ─ 결석하다

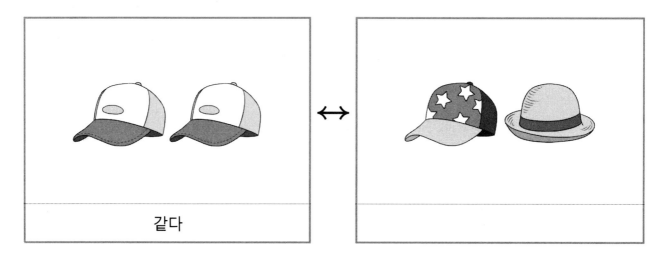

같다

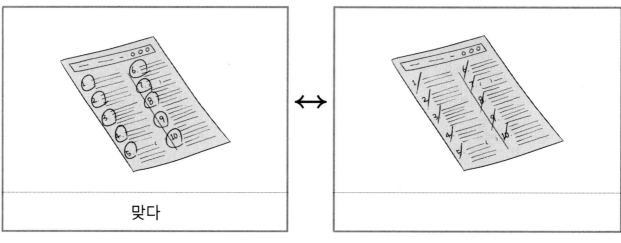

맞다

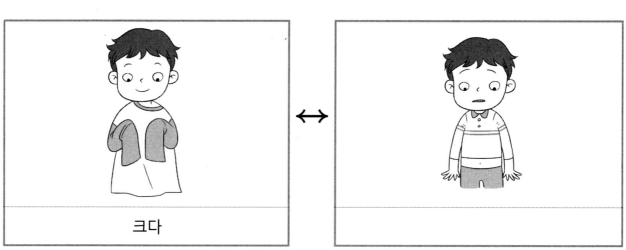

크다

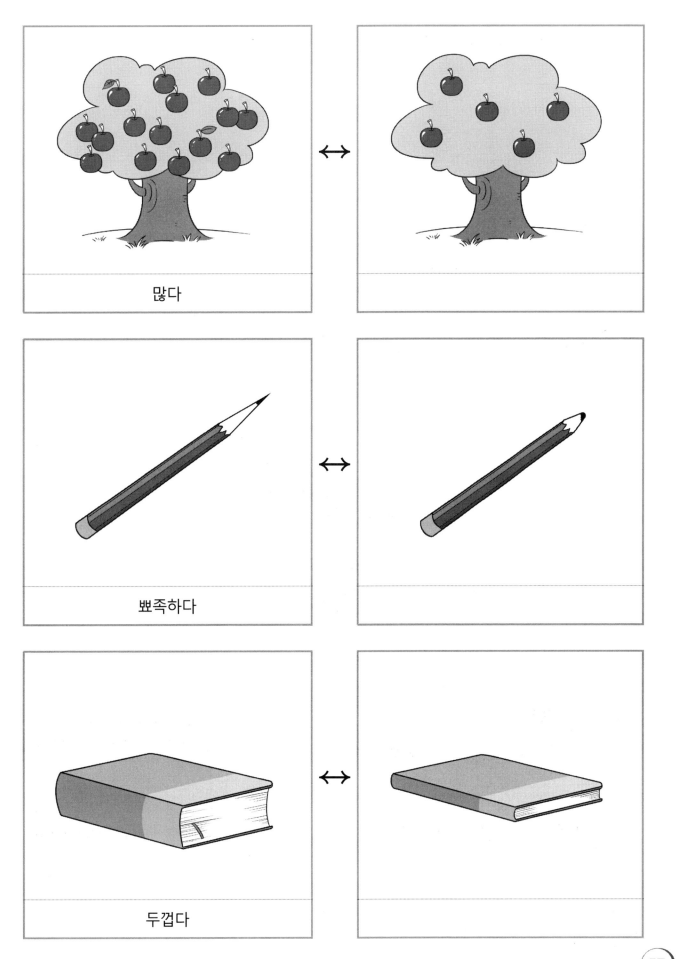

많다 ↔

뾰족하다 ↔

두껍다 ↔

● 공통점이 없는 물고기를 골라 다른 어항에 넣어 주세요.

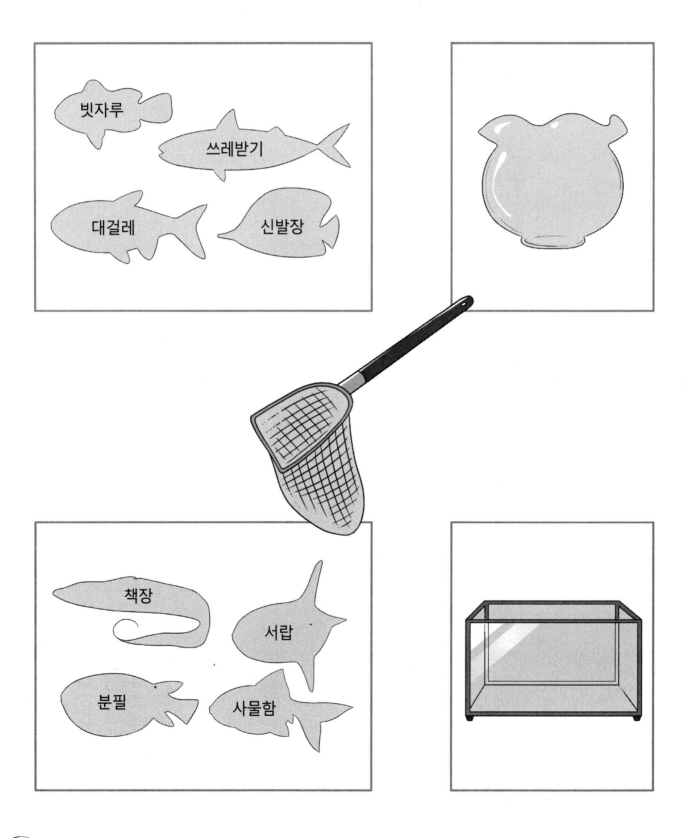

4. 운동장

명사	치료 전	1	2	3
조회대				
태극기				
철봉				
골대				
교문				
화단				
강당				
수돗가				
정문				
후문				

동사	치료 전	1	2	3
등교하다				
지각하다				
시상하다				
질서를 지키다				

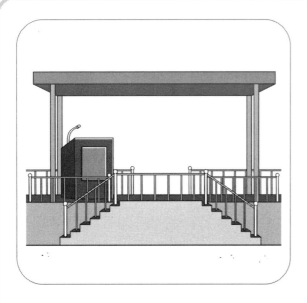

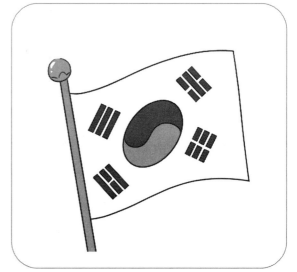

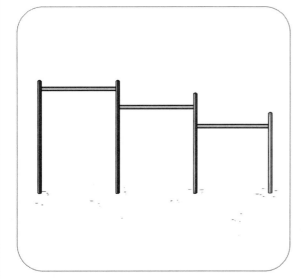

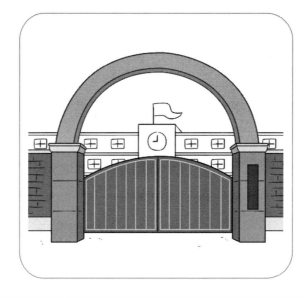

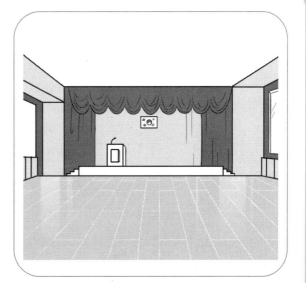

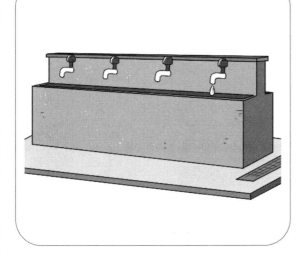

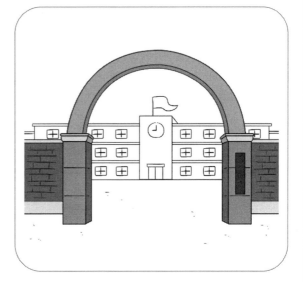

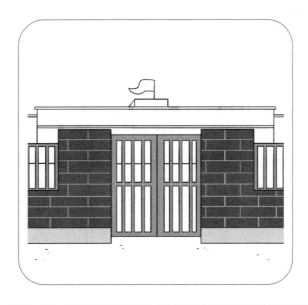

명사 의미습득

● 점선을 따라 그려 보세요. 그림과 문장을 완성해 보세요.

(   )에 교장선생님이 계셔요.

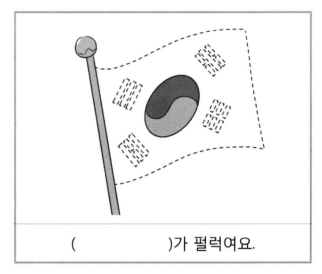

(   )가 펄럭여요.

(   )에 매달려요.

(   )에 공을 차요.

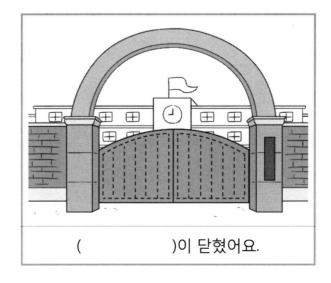

(   )이 닫혔어요.

(   )에 꽃이 펴요.

(   )에 들어가요.

(   )에서 손 씻어요.

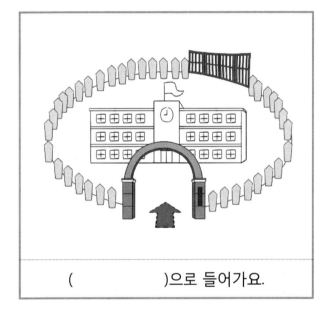

(   )으로 들어가요.

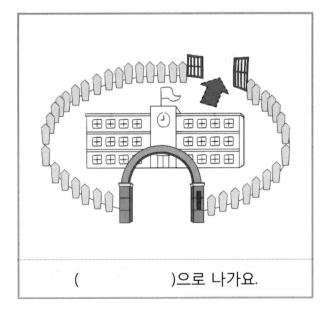

(   )으로 나가요.

명사 산출연습

● 첫 자음 힌트를 보며 단어를 말해 보세요.

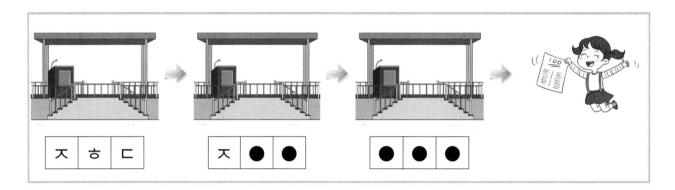

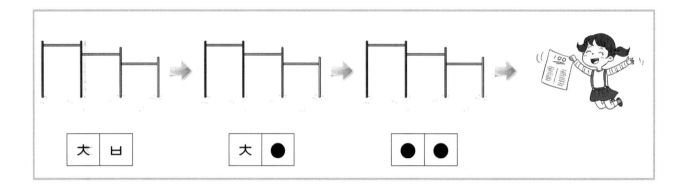

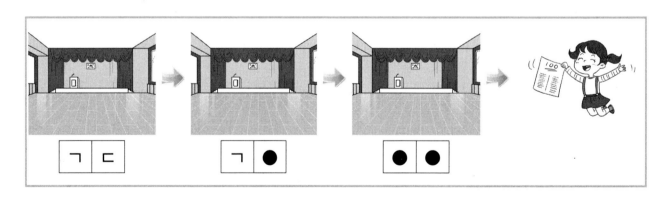

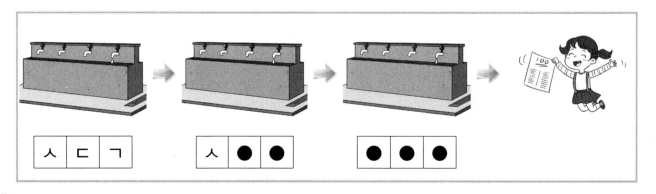

동사 의미습득

● 동사를 넣어 다음 그림을 이야기해 보세요.

등교하다

지각하다

시상하다

질서를 지키다

동사 산출연습

● 다음 그림을 보고 동사를 넣어 문장을 완성하세요.

버스로 (   ).   아침에 (   ).   일찍 (   ).

늦잠 자서 (   ).   학교에 (   ).

| 일등에게 ( ). | 트로피를 ( ). | 상장을 ( ). |

| 놀이공원에서
( ). | 버스를 탈 때
( ). |

어휘 추론

● 다음 설명을 읽고 정답이 아닌 것을 하나씩 지워 가세요.

1)
골대   수돗가   철봉   태극기

　　① 학생들이 사용해요.

　　② 체육시간에 사용해요.

　　③ 주로 매달리기를 많이 해요.

　　　　　　　　　　　　　　　　　　　　　정답 _____

2)
등교하다   지각하다   시상하다   질서를 지키다

　　① 학생들이 해요.

　　② 학교에 가요.

　　③ 늦게 가요.

　　　　　　　　　　　　　　　　　　　　　정답 _____

● 다음 문장을 읽고 빈칸을 채워 보세요.

명사

1) 조회시간이 되어 운동장으로 나갔어요.

　　교장 선생님이 [　　　　　　　　　]에서 말해요.

2) 운동장의 국기 게양대에 [　　　　　　　　　]가 높이 걸려 있어요.

　　우리나라 국기예요.

3) [　　　　　　　　　]에 매달려요.

　　누가 오래 매달리는지 시합해요.

4) [   ]에 그물이 달려 있어요.

발로 차서 공을 넣어요.

5) 아침에는 학교 [   ]이 열려 있어요.

[   ]이 닫혀 있으면 학교에 들어갈 수 없으니까요.

6) [   ]에 예쁜 꽃들이 피었어요.

나무도 함께 있어요.

7) 체육 시간인데 비가 내려요.

[   ]에서 체육 수업을 해요.

8) 흙장난을 해서 손이 더러워졌어요.

운동장 옆 [   ]에서 손을 씻어요.

9) 학교에 교문이 두 개 있어요.

친구는 후문으로 등교하고 나는 [   ]으로 등교해요.

10) 지각해서 혼날 것 같아요.

사람들이 많이 안 다니는 [   ]으로 가야겠어요.

동사

1) 오늘은 8시까지 학교에 가야 해요.

나나는 일찍 일어나 (   ).

2) 어젯밤에 늦게까지 게임을 했어요.

그만 늦잠을 자서 학교에 (   ).

3) 우리 반이 이어달리기에서 일등을 했어요.

교장선생님께서 대표로 반장에게 (   ).

4) 급식 시간에 빨리 먹으려고 끼어들다가 국을 쏟았어요.

서두르지 말고 모두 (   ).

어휘 적용

● 잘못된 약속

교문, 정문

나나는 학교 끝나고 모모네 집에 놀러 가기로 했습니다.

"나는 교실 청소, 너는 화단 청소니까 청소 끝나고 ☐☐ 에서 만나자."

나나는 교실 청소를 마치자마자 ☐☐ 으로 달려갔습니다.

하지만 아무리 기다려도 모모가 오지 않았습니다.

나나는 화가 나서 집으로 갔습니다.

다음날 나나와 모모가 만났습니다.

"야, 너 왜 약속을 어겨? 내가 얼마나 기다렸는지 알아?"

"무슨 소리야? 내가 아무리 찾아도 없던데."

나나와 모모는 다투기 시작했습니다.

🎙 이야기 나누기

왜 약속 장소에서 만나지 못했을까요?

나나와 모모는 다음에 어떻게 약속을 할까요?

● 나도 상을 받고 싶어요.

조회대, 시상하다

오늘은 조회를 했어요.

교장선생님의 말씀이 끝나고 과학상상화그리기 대회 ☐☐ 이 있었어요.

우리 반 나나가 최우수상을 받게 되었어요.

나나는 ☐☐ 에 올라가 교장선생님께 상을 받았어요.

모모는 나나가 몹시 부러웠어요.

그리고 상을 받지 못해서 몹시 속상했어요.

🎤 이야기 나누기

모모와 같은 경험이 있는지 떠올려 보고 이야기를 나눠 보세요.
모모에게 도움이 될 수 있는 말을 해 주세요.

어휘 확장

● 다음 보기에서 그림에 해당하는 낱말을 골라 보세요. 그리고 알맞은 낱말을 골라 문장에 넣어 보세요.

보기

눈가   바닷가   수돗가   길가

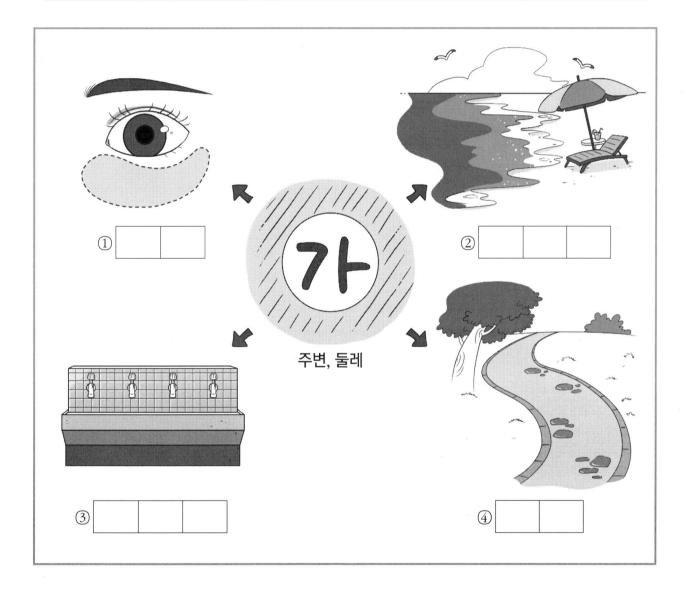

주변, 둘레

(①   )에 눈물이 맺혔어요.

(②   )에서 쉬었어요.

(③   )에서 손을 씻었어요.

(④   )에 큰 나무가 있어요.

● 다음에 공통으로 들어갈 말을 찾아보세요.

① 약속을 (   ).

② 질서를 (   ).

③ 차례를 (   ).

④ 나라를 (   ).

5. 건물 구조

명사	치료 전	1	2	3
급식실				
복도				
신발장				
음악실				
악기				
보건실				
과학실				
화장실				
도서실				
컴퓨터실				

동사	치료 전	1	2	3
대출하다				
반납하다				
검색하다				
실험하다				

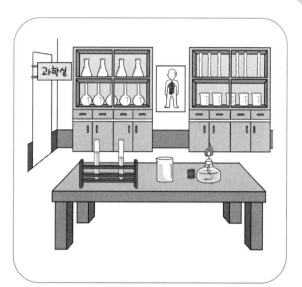

명사 의미습득

● 점선을 따라 그려 보세요. 그림과 문장을 완성해 보세요.

(　　　　　　)에서 급식을 받아요.

(　　　　　　)에서 인사해요.

(　　　　　　)에 신발을 넣어요.

(　　　　　　)에서 연주해요.

(　　　　　　)를 연주해요.

(   )에서 약을 발라요.

(   )에서 실험해요.

(   )에 들어가요.

(   )에서 책을 빌려요.

(   )에서 컴퓨터를 해요.

명사 산출연습

● 첫 자음 힌트를 보며 단어를 말해 보세요.

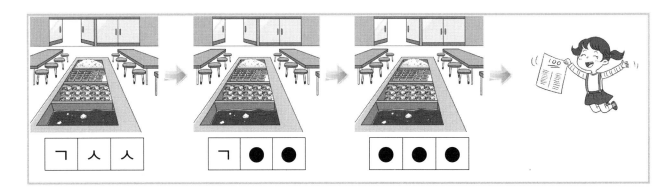

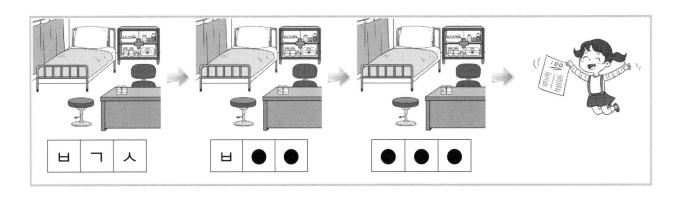

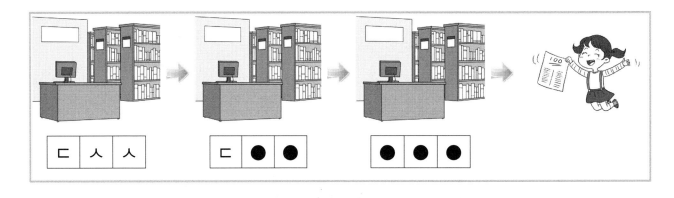

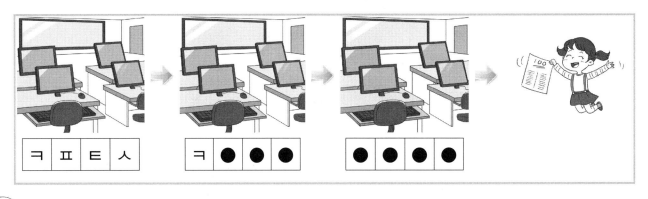

동사 의미습득

● 동사를 넣어 다음 그림을 이야기해 보세요.

대출하다

반납하다

검색하다

실험하다

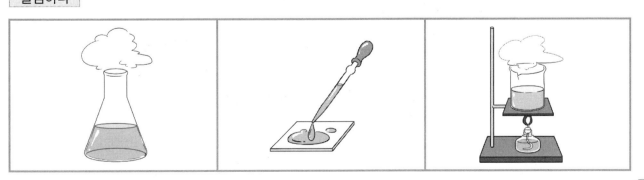

동사 산출연습

● 다음 그림을 보고 동사를 넣어 문장을 완성하세요.

도서관에서 책을 (　　　　　).　　만화책을 (　　　　　).

책을 도서관에 (　　　　　).　　실험도구를 (　　　　　).

제목을 (　　　　　). | 인터넷으로 (　　　　　). | 모르는 말을 (　　　　　).

물을 떨어뜨려 (　　　　). | 막대로 저어 (　　　　). | 소금물과 식초로 (　　　　).

📡 어휘 추론

● 다음 설명을 읽고 정답이 아닌 것을 하나씩 지워 가세요.

1)

컴퓨터실　과학실　화장실　도서실

　　① 책상과 의자가 있어요.

　　② 무언가를 검색할 수 있어요.

　　③ 책이 많아요.

　　　　　　　　　　　　　　　　　　　　정답 _____

2)

대출하다　반납하다　검색하다　실험하다

　　① 도서실에서 해요.

　　② 책을 찾아요.

　　③ 집에 가서 볼 거예요.

　　　　　　　　　　　　　　　　　　　　정답 _____

● 다음 문장을 읽고 빈칸을 채워 보세요.

명사

1) 점심시간이 되었어요.

　　[　　　　　　　　]에 가서 밥을 먹어요.

2) 좁고 긴 [　　　　　　　　]에서는 뛰어다니면 안 돼요.

　　친구와 부딪힐 수도 있어요.

3) 신발을 갈아 신고 들어와요.

　　[　　　　　　　　]에 신발을 넣어 놔요.

4) 음악 시간이 되었어요.

[   ]에 가서 악기를 연주해요.

5) 음악실에는 피아노, 북, 심벌즈가 있어요.

이것을 [   ]라고 불러요.

6) 운동장에서 놀다가 넘어져서 피가 나요.

[   ]에 가서 치료를 받아야 해요.

7) 과학 시간에 실험 도구들로 수업을 할 거예요.

[   ]에 가서 수업을 해요.

8) 수업 시간에 오줌이 마려워요.

선생님께 말씀드리고 [   ]에 가요.

9) 책 두 권을 모두 읽었어요.

[   ]에 가서 다른 책을 빌려야겠어요.

10) 선생님께서 오늘은 컴퓨터로 수업할 거라고 하셨어요.

[   ]에 가서 수업을 해요.

동사

1) 도서관에서 책을 읽는데 집에 갈 시간이 되었어요.

   그래서 모모는 책을 (   ).

2) 도서관에서 빌린 책을 다 읽었어요.

   모모는 읽은 책을 (   ).

3) 한글날이에요.

   나나는 언제 한글을 만들었는지 궁금해서 인터넷으로 (   ).

4) 소금을 빨리 녹이고 싶어요.

   따뜻한 물과 차가운 물, 어느 쪽에서 소금이 잘 녹는지 알아보기 위해 (   ).

어휘 적용

● 모모가 보건실에 갔어요.

보건실, 복도

모모는 [   ] 에서 뛰다가 넘어졌어요.

무릎에서 피가 났어요.

모모는 울음을 터뜨렸어요.

"그러게 복도에서 뛰면 어떡하니?"

미미가 말했어요.

"모모야, 괜찮아? 얼른 [   ] 에 가자."

나나가 모모를 부축하며 말했어요.

"보건실?"

"어. 보건실에 가면 보건선생님이 치료해 주실 거야."

모모는 나나의 도움을 받아 보건실에 가서 치료를 받았어요.

🎙️ 이야기 나누기

모모가 다쳤을 때 미미와 나나는 어떻게 말하였나요?

내가 모모라면 미미와 나나의 말을 들었을 때, 어떤 느낌이 들었을까요?

● 도서실에선 쉿!

도서실, 반납하다

모모는 지난번에 대출한 책을 ☐☐ 하러 나나와 함께

☐☐☐ 에 갔어요.

도서실에는 몇몇 아이들이 조용히 책을 읽고 있었어요.

그런데 갑자기 모모가

"우하하하! 너무 웃기다. 나나야 이거 봐."

하고 큰 소리로 말하였어요.

아이들이 모두 모모를 쳐다봤어요.

🎙️ 이야기 나누기

아이들은 왜 모모를 쳐다보았을까요?

도서관에서는 왜 조용히 해야 할까요?

어휘 확장

● 다음 학교 그림을 보고 설명해 보세요.

1층에는 교실과 (   ), (   ), (   )이 있어요.

2층에는 교실과 (   ), (   ), (   )이 있어요.

3층에는 교실과 (   ), (   ), (   )이 있어요.

보건실 오른쪽에는 (   )이 있어요.

음악실 왼쪽에는 (   )이 있어요.

도서실과 과학실 사이에는 (   )이 있어요.

다음 보기와 같이 열기구의 풍선에 알맞은 단어를 넣으세요.

보기

6. 학교 구성원

명사	치료 전	1	2	3
교장선생님				
담임선생님				
보건선생님				
원어민선생님				
체육선생님				
학년				
반				
번호				
모둠				
짝				

동사	치료 전	1	2	3
헤어지다				
협동하다				
줄 서다				
모이다				

명사 의미습득

● 점선을 따라 그려 보세요. 그림과 문장을 완성해 보세요.

(   )이 교장실에 있어요.

(   )이 수업해요.

(   )이 약을 발라요.

(   )이 영어를 가르쳐요.

(   )이 운동장에 있어요.

나는 1( ),
형은 3( )

나는 1( ),
친구는 2( )

( )대로 줄 서요.

( )수업 해요.

( )이 옆에 있어요.

명사 산출연습

● 첫 자음 힌트를 보며 단어를 말해 보세요.

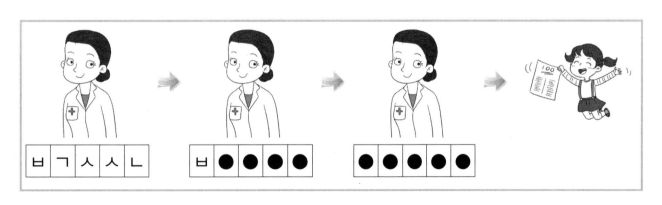

동사 의미습득

● 동사를 넣어 다음 그림을 이야기해 보세요.

헤어지다

협동하다

줄 서다

모이다

동사 산출연습

◉ 다음 그림을 보고 동사를 넣어 문장을 완성하세요.

친구들과 ( ).	놀이터에서 놀다가 ( ).	저녁이 되어 ( ).

( ) 줄다리기를 하다.	( ) 교실을 청소하다.	무거우니까 ( )!

화장실 가려고 (   ).　(   ) 버스에 타다.　급식 시간에 (   ).

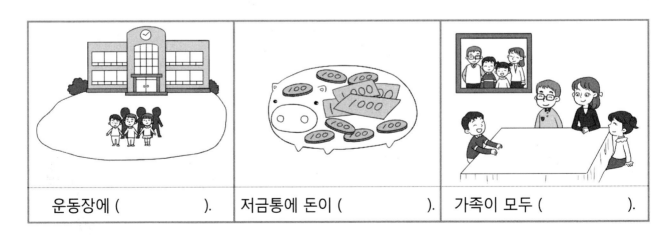

운동장에 (   ).　저금통에 돈이 (   ).　가족이 모두 (   ).

어휘 추론

● 다음 설명을 읽고 정답이 아닌 것을 하나씩 지워 가세요.

1)
| 교장선생님   담임선생님   원어민선생님   체육선생님 |

① 공부를 가르쳐 주세요.
② 우리말을 사용해요.
③ 반마다 달라요.

정답 _____

2)
| 헤어지다   협동하다   줄 서다   모이다 |

① 함께 있어요.
② 사람들이 많아요.
③ 차례를 지켜야 해요.

정답 _____

● 다음 문장을 읽고 빈칸을 채워 보세요.

명사

1) 입학식, 조회 시간, 졸업식, 방학식에는 모두 운동장에 모여요.

[   ]이 조회대에서 말씀하시면 잘 들어야 해요.

2) 2학년이 되었어요.

새로운 [   ]이 출석을 불러요.

3) 배가 아파서 보건실에 갔어요.

[   ]이 약을 주셨어요.

4) 영어시간이 되었어요.

미국에서 오신 [   ]이 영어를 가르쳐 주실 거예요.

5) 체육 시간에 운동장으로 나갔어요.

[   ]이 오늘은 피구 시합을 한다고 해요.

6) 입학 하면 1[   ]이에요.

내년에는 2[   ]이 돼요.

7) 2학년이 되었어요.

제일 친한 친구와 같은 [   ]이 되어서 기뻐요.

8) 새 학년이 되어 [   ]를 정했어요.

키 순서대로 정해서 나는 5번이 되었어요.

9) [   ]별로 요리를 하게 되었어요.

우리는 무슨 요리를 할까 의논했어요.

10) 내 옆자리에는 모모가 앉아 있어요.

모모가 내 [   ]이에요.

동사

1) 놀이터에서 친구들과 놀다 보니 어두워졌어요.

   집에 돌아갈 시간이 되어서 (   ).

2) 모모네 가족은 캠핑장에 갔어요.

   텐트치는 것이 어려워서 가족 모두 (   ).

3) 버스를 타고 할머니 집에 가려고 버스 정류장에 갔어요.

   사람들이 버스를 타려고 (   ).

4) 체육시간에 피구를 할 거예요.

   그래서 반 친구들이 모두 운동장에 (   ).

어휘 적용

● 새 학기가 되었어요.

학년, 반, 번, 헤어지다

새 학년이 되었어요.

모모는 3 ⬚ ⬚ 1 ⬚ 15 ⬚ 이 되었어요.

모모와 가장 친했던 석이는 2반이 되었어요.

모모는 친한 석이와 ⬚ ⬚ ⬚ ⬚ 슬펐어요.

새 친구들은 모두 낯설어 보였어요.

그때 옆자리의 찬이가 필통을 떨어뜨렸어요.

모모는 필통을 주워서 주었어요.

"고마워. 너 어디 살아?"

"나? 하얀 아파트."

"아, 나도 하얀 아파트인데. 학교 끝나고 같이 갈래?"

"어. 좋아."

모모와 찬이는 활짝 웃었어요.

🎙️ 이야기 나누기

모모의 마음은 어떻게 바뀌었나요?

다음에 어떤 일이 일어날까요?

● 힘을 모아요.

협동하다

비실이 나라와 우람이 나라가 있었어요.

비실이 나라 사람들은 모두 몸이 약해서 바람이 불면 날아갈 것 같았어요.

우람이 나라 사람들은 모두 몸이 우람하고 튼튼했어요.

어느 날 비실이 나라와 우람이 나라가 줄다리기 대결을 하게 되었어요.

우람이 나라 선수들은 낄낄거리며 대충 줄을 잡았어요.

비실이 나라 선수들은 정해진 대로 줄을 서더니 구령에 맞춰 줄을 잡았어요.

"시작!"

"여엉차! 여엉차!"

비실이 나라 선수들이 일제히 줄을 잡아당기자 우람이 나라 선수들이 앞으로 끌려오면서 서로 부딪혔어요.

"야! 아프잖아."

"너야말로 앞으로 더 가."

우람이 나라 선수들은 우왕좌왕했지만 비실이 나라 선수들은 끝까지 [ ][ ]했어요.

🎤 이야기 나누기

어느 나라 선수들이 승리했을까요?

그 이유는 무엇일까요?

어휘 확장

● 다음은 '장'으로 끝나는 낱말이에요. '장'의 뜻에 맞는 낱말을 골라 써 보세요.

보기
사장   서랍장   신발장   운동장   원장   교장
알림장   일기장   경기장   종합장   책장   야구장

① 제일 높은 사람 _____ _____ _____

② 장소 _____ _____ _____

③ 공책 _____ _____ _____

④ 가구 _____ _____ _____

● 다음 보기에서 알맞은 단어를 골라 괄호 안에 써 넣으세요.

보기
앞서다   줄 서다   일어서다   벌서다   돌아서다

① 차례로 (   ).

② 발표하기 위해 (   ).

③ 달리기에서 내가 가장 (   ).

④ 지각을 해서 (   ).

⑤ 뒤에서 누가 부르는 것 같아 (   ).

7. 학교 행사

명사	치료 전	1	2	3
입학식				
현장학습				
운동회				
재량휴업일				
학부모참여수업				
방학식				
개학식				
개교기념일				
학예발표회				
졸업식				

동사	치료 전	1	2	3
전시하다				
견학하다				
관람하다				
준비하다				

방학식

개학식

13회 졸업식

명사 의미습득

● 점선을 따라 그려 보세요. 그림과 문장을 완성해 보세요.

1학년이 되면 (   )을 해요.

박물관에 (   ) 가요.

(   )를 해요.

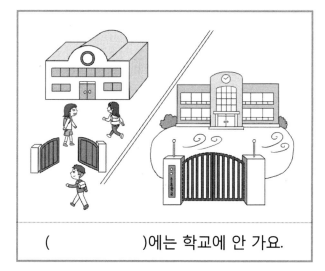

(   )에는 학교에 안 가요.

부모님들이 오셔서 (   )을 해요.

방학식

방학을 하는 날에는 (　　　　　)을 해요.

개학식

개학을 하면 (　　　　　)을 해요.

(　　　　　)은 학교의 생일이에요.

학 예 발 표 회

(　　　　　)를 해요.

13회 졸업식

6학년이 끝나면 (　　　　　)을 해요.

명사 산출연습

● 첫 자음 힌트를 보며 단어를 말해 보세요.

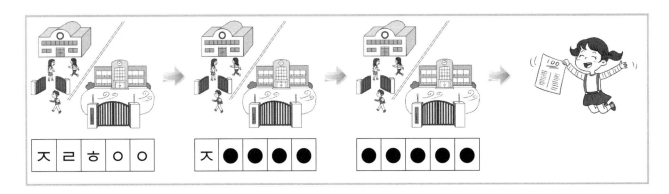

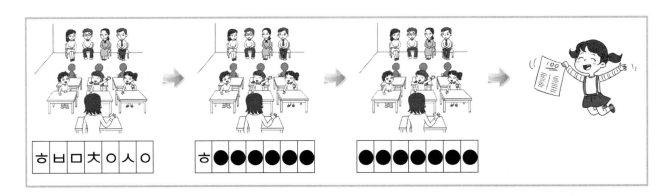

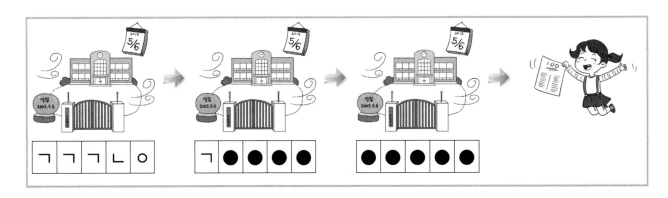

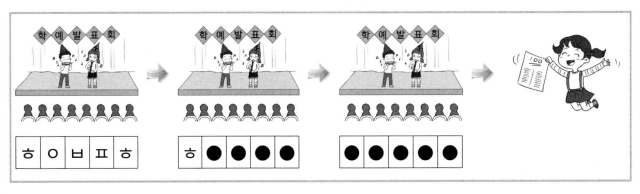

동사 의미습득

● 동사를 넣어 다음 그림을 이야기해 보세요.

전시하다

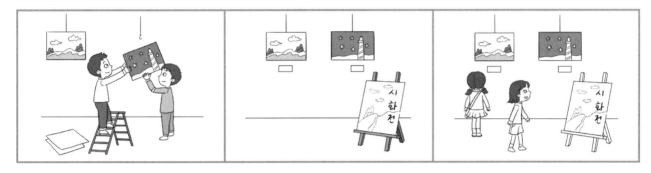

견학하다

관람하다

준비하다

동사 산출연습

● 다음 그림을 보고 동사를 넣어 문장을 완성하세요.

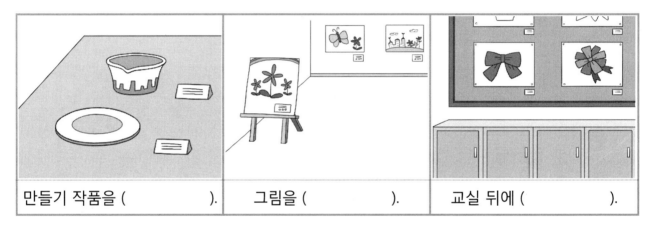

| 만들기 작품을 ( ). | 그림을 ( ). | 교실 뒤에 ( ). |

| 방송국을 ( ). | 자동차 공장을 ( ). | 박물관을 ( ). |

영화를 ( ).	전시회를 ( ).	축구 시합을 ( ).

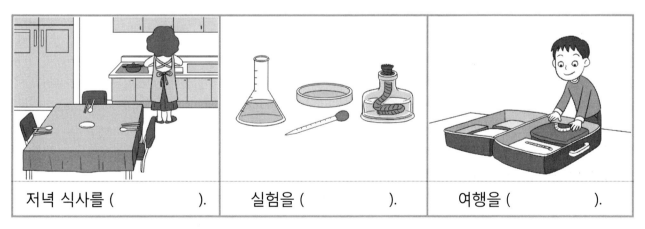

저녁 식사를 ( ).	실험을 ( ).	여행을 ( ).

📡 어휘 추론

● 다음 설명을 읽고 정답이 아닌 것을 하나씩 지워 가세요.

1)
재량휴업일   개학   방학   개교기념일

① 학교에 안 가요.

② 계절과 관련이 없어요.

③ 학교마다 1년에 하루만 있어요.

정답 _____

2)
전시하다   견학하다   관람하다   준비하다

① 볼거리가 많아요.

② 단체로 가기도 해요.

③ 새로운 것들을 많이 보고 배웠어요.

정답 _____

● 다음 문장을 읽고 빈칸을 채워 보세요.

명사

1) 오늘부터 초등학교 학생이 되었어요.

운동장에 친구들과 함께 서서 [   ]을 했어요.

2) 오늘은 [   ] 가는 날이에요.

우리 반은 박물관에 가고 내 동생은 소방서로 간대요.

3) 학생들이 모두 운동장에 모여 [   ]를 했어요.

청군과 백군 모두 즐거웠어요.

4) 나는 [   ]이라 학교에 안 가고 집에서 쉬었어요.

오빠네 학교는 쉬지 않아서 오빠는 학교에 갔어요.

5) 엄마가 수업시간에 뒤에 서 계셨어요.

[   ]이라 공부하는 것을 보러 오셨대요.

6) 오늘부터 신나는 여름방학이에요.

교장선생님이 [   ]을 하면서 즐거운 방학을 보내라고 했어요.

7) 방학이 끝나고 학교에 처음 가는 날이에요.

[   ]을 하면서 2학기를 시작해요.

8) [   ]이라 학교에 가지 않았어요.

오늘은 학교가 처음 문을 연 날이래요.

9) 친구들과 열심히 율동을 연습했어요.

[   ] 때 반 친구들 앞에서 보여 줬어요.

10) 6학년까지 공부를 마치면 [   ]을 해요.

언니 오빠들은 이제 중학생이 될 거예요.

동사

1) 나나가 그림대회에서 그린 그림이 우수상을 탔어요.

   그래서 교실 뒤에 (   ).

2) 자동차를 발명하기 전에는 말을 타고 다녔대요.

   자동차가 어떻게 만들어지는지 알아보기 위해 자동차 공장으로 (   ).

3) 모모는 공룡을 좋아해요.

   그래서 주말에 아빠와 함께 공룡영화를 (   ).

4) 저녁 6시가 되었어요.

   엄마는 저녁 식사를 (   ).

어휘 적용

● 앗, 지각이다!

방학식

모모는 오늘 꿈에 그리던 [ ][ ][ ] 을 했어요.

선생님께서 방학 때 주의할 것들을 이야기하실 때도 모모는

'방학이니까 늦잠을 자도 되겠지? 흐흐흐.'

라는 생각만 했어요.

그런데 밤이 되자 마음이 들떠 잠이 오지 않았어요.

다음날 모모는 졸린 눈을 비비다가 시계를 보고 깜짝 놀랐어요.

"앗, 지각이다!"

🎙️ 이야기 나누기

모모는 왜 깜짝 놀랐을까요?

다음에 어떤 일이 일어날까요?

● 즐거운 현장학습

현장학습, 전시하다

모모네 반은 오늘 민속촌으로 　　　　　을 갔어요.

옛날 사람들이 살던 초가집과 기와집이 있었어요.

그리고 민속촌 안에 있는 박물관에는 옛날에 사용하던 돈과 한복, 도구들이 　　　되어 있었어요.

점심시간이 되어 그늘에 앉아 도시락을 먹었어요.

"난 옛날에 태어났으면 갑옷을 입고 적군을 무찌르는 용감한 장군이 되었을텐데."

모모가 말했어요.

그때 벌이 모모 쪽으로 다가왔어요.

"으악, 벌이다. 저리 가!"

벌이 무서워서 이리저리 뛰어다니는 모모를 보고 모두 웃었어요.

🎙 이야기 나누기

모모는 민속촌에서 어떤 것을 보았나요?

현장학습을 갔던 경험을 이야기해 보세요.

어휘 확장

● 다음 보기에서 그림에 해당하는 낱말을 골라 보세요. 그리고 알맞은 낱말을 골라 문장에 넣어 보세요.

보기

개학　　개교　　개업　　개장

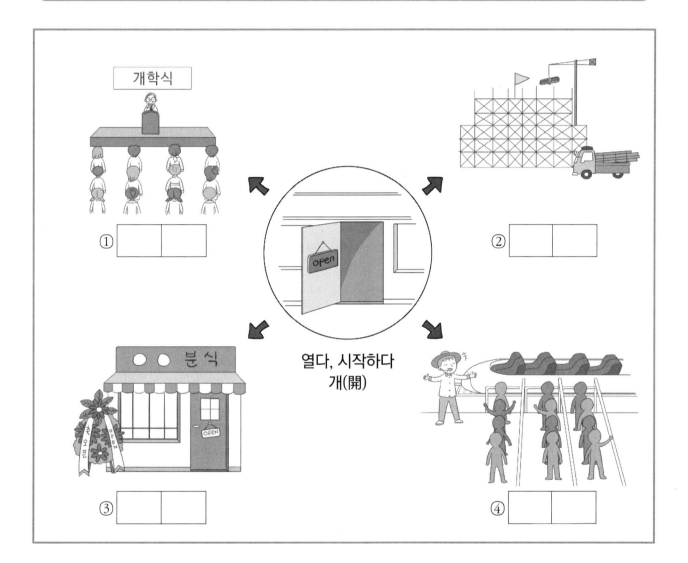

방학이 끝나고 (① 　　　　　　　　　　)을 했어요.

오늘은 우리 학교가 세워진 (② 　　　　　　　　　　)기념일이에요.

새로 (③ 　　　　　　　　　　)한 식당에 손님이 많았어요.

놀이동산 (④ 　　　　　　　　　　)시간이 되자 사람들이 줄을 섰어요.

● 다음의 낱말들을 쪼개고 어떤 뜻인지 이야기해 보세요.

<보기>

겨울방학식 = 겨울 + 방학 + 식

겨울에 하는 방학을 위한 행사

① 여름방학식

② 개교기념일

③ 학부모참여수업

8. 운동회

명사	치료 전	1	2	3
만국기				
시합				
청군/백군				
계주				
달리기				
줄다리기				
결승선				
호루라기				
천막				
트로피				

동사	치료 전	1	2	3
시합하다				
우승하다				
겨루다				
응원하다				

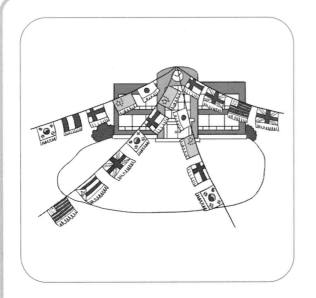

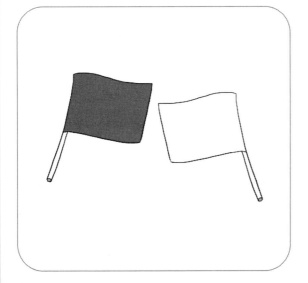

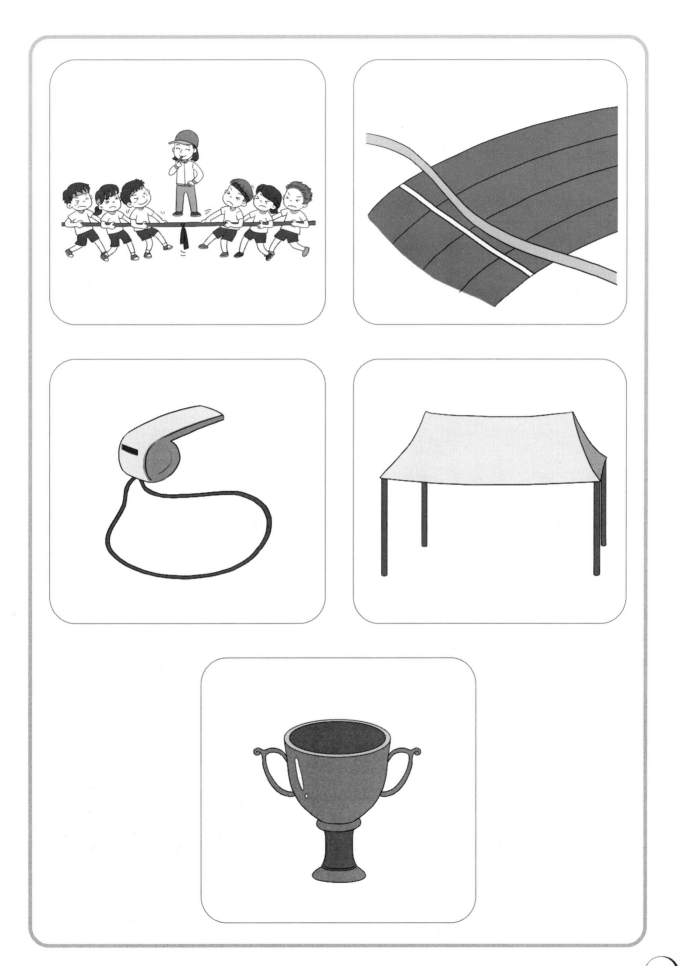

명사 의미습득

● 점선을 따라 그려 보세요. 그림과 문장을 완성해 보세요.

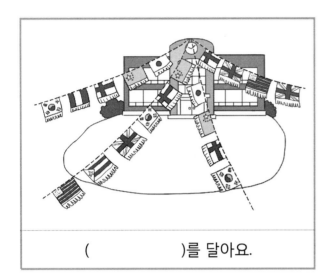

(   )를 달아요.

공굴리기 (   )해요.

(   )과 (   )으로 편을 나눠요.

(   )해요.

(   )해요.

(   )해요.

(   )을 통과해요.

(   )를 불어요.

(   ) 아래가 시원해요.

(   )를 받아요.

명사 산출연습

● 첫 자음 힌트를 보며 단어를 말해 보세요.

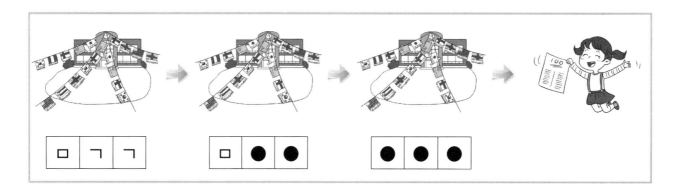

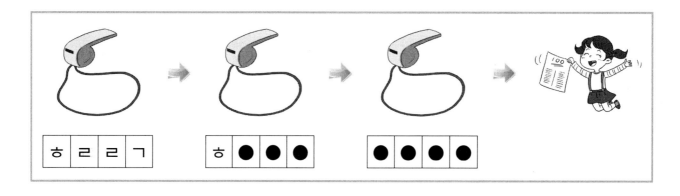

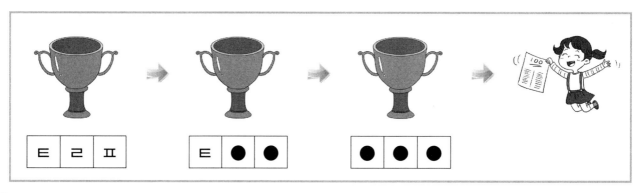

동사 의미습득

● 동사를 넣어 다음 그림을 이야기해 보세요.

시합하다

우승하다

겨루다

응원하다

동사 산출연습

● 다음 그림을 보고 동사를 넣어 문장을 완성하세요.

달리기 (   ).　오래 숨 참기 (   ).　누가 멀리 뛰나 (   )!

마라톤 대회에서 (   ).　올림픽에서 (   ).　우리나라가 (   ).

친구와 알까기(튕기기)로 ( ).	누가 빨리 달리나 ( ).	씨름 선수가 힘을 ( ).

우리 편을 ( ).	박수 치며 ( ).	경기장에서 ( ).

어휘 추론

● 다음 설명을 읽고 정답이 아닌 것을 하나씩 지워 가세요.

1)

| 달리기 | 줄다리기 | 결승선 | 트로피 |

① 속도와 관련이 있어요.

② 1등을 결정해요.

③ 여기를 먼저 통과해야 해요.

정답 _____

2)

| 시합하다 | 우승하다 | 겨루다 | 응원하다 |

① 이기고 싶어요.

② 선수들이 해요.

③ 상을 받아요.

정답 _____

● 다음 문장을 읽고 빈칸을 채워 보세요.

명사

1) 운동회 날이 되었어요.

하늘을 보니 여러 나라의 국기인 [　　　　　　　　　　]가 걸려 있어요.

2) 우리 편과 다른 편이 [　　　　　　　　　　]을 해요.

우리 편이 이기면 좋겠어요.

3) 나는 [　　　　　　　　　　]이어서 파란 모자를 썼어요.

내 동생은 [　　　　　　　　　　]이어서 하얀 모자를 썼대요.

4) 달리기를 잘하는 친구들은 [   ] 선수가 되었어요.

   바통을 쥐고 이어서 달려요.

5) [   ]에서 1등을 했어요.

   선생님이 1등 도장을 찍어 줬어요.

6) [   ] 시합을 하려고 운동장으로 나갔어요.

   긴 줄을 단단히 잡고 잡아당겨야 해요.

7) 열심히 달리기를 하고 있어요.

   조금 더 힘을 내서 [   ]을 먼저 통과할 거예요.

8) 달리기를 하려고 출발선에 서 있어요.

   선생님이 [   ]를 불면 출발해야 해요.

9) 햇볕이 너무 뜨거워요.

   [   ]을 치니 그늘이 생겨 시원해요.

10) 교장선생님이 우승팀을 발표해요.

   청군 대표에게 우승 [   ]를 전달했어요.

동사

1) 아빠와 삼촌은 힘이 세요.

   누가 더 힘이 센지 팔씨름으로 (   ).

2) 운동회에서 모모는 달리기 대표 선수로 뛰었어요.

   모모가 1등으로 들어와서 (   ).

3) 태권도 시합에서 우리나라 선수와 다른 나라 선수가 (   ).

   태권도는 우리나라가 잘 하니까 이길 거예요.

4) 우리 반과 옆 반이 줄다리기를 해요.

   나나는 우리 반이 힘내서 이기라고 열심히 (   ).

어휘 적용

● 달리기가 걱정돼요.

운동회, 달리기

내일은 모모네 학교 ☐☐☐ 날이에요.

모모는 마음이 무거웠어요.

"모모야, 내일 운동회 너무 기대되지 않니?"

나나가 들뜬 목소리로 물었어요.

"아니, 나는 내일 ☐☐☐ 에서 꼴찌를 할까봐 걱정돼."

모모는 어두운 표정으로 말하였어요.

🎙 이야기 나누기

모모는 왜 마음이 무거웠을까요?

여러분이 나나라면 모모에게 어떤 말을 해 주고 싶은가요?

● 1등 나라

만국기, 결승선, 우승

모모는 1등 나라에 갔어요.

1등 나라의 운동회가 시작되었어요.

☐☐☐ 가 힘차게 펄럭였어요.

"출발!"

신호와 함께 모모는 힘껏 달렸어요.

"우와, 내가 1등을 했어!"

모모가 만세를 부르려는데,

"우와, 나도 1등이야!"

함께 달린 친구들이 모두 만세를 불렀어요.

그러고 보니 모두 동시에 ☐☐☐ 에 도착한 거였어요.

모든 시합에서 모두 똑같이 ☐☐ 을 했어요.

모모는 1등이 점점 시시해졌어요.

🎤 이야기 나누기

모모는 1등이 왜 시시해졌을까요?
모두가 다 1등을 한다면 어떤 일이 생길까요?

어휘 확장

● 요술 상자에 낱말을 넣으면 모양이 바뀌어요. 보기를 보고 다음 낱말들이 어떻게 바뀌었을지 생각하며 빈칸을 채워 보세요.

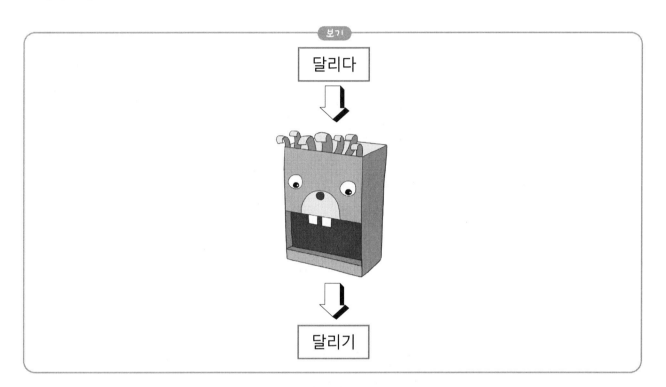

① 높이 뛰다 ➡ ( )

② 매달리다 ➡ ( )

③ 구르다 ➡ ( )

④ 공 던지다 ➡ ( )

● 비슷한 낱말을 보기에서 찾아 신발 안에 적어 보세요.

보기

뛰다   우승하다   시합하다

달리다

승리하다

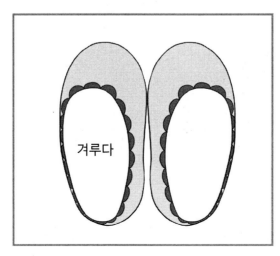

겨루다

9. 학교 일과

 어휘 목록(습득＋, 미습득－)

명사	치료 전	1	2	3
미술 시간				
체육 시간				
음악 시간				
쉬는 시간				
점심시간				
자율 학습				
방과 후 수업				

동사	치료 전	1	2	3
수업 종 치다				
집중하다				
이동하다				
완성하다				

명사 의미습득

● 점선을 따라 그려 보세요. 그림과 문장을 완성해 보세요.

(   )에 그림 그려요.

(   )에 줄넘기해요.

(   )에 연주해요.

(   )에 친구와 이야기해요.

(　　　　　　　　)에 밥 먹어요.

(　　　　　　　　) 시간에
하고 싶은 공부해요.

(　　　　　　　) 시간에
하고 싶은 것을 배워요.

명사 산출연습

● 첫 자음 힌트를 보며 단어를 말해 보세요.

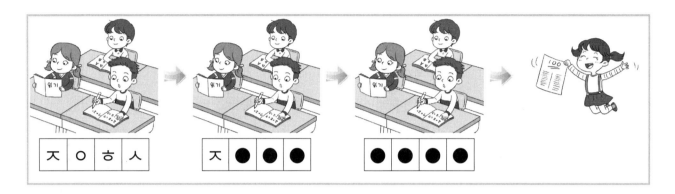

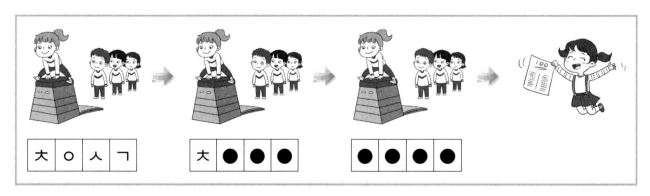

동사 의미습득

● 동사를 넣어 다음 그림을 이야기해 보세요.

수업 종 치다

 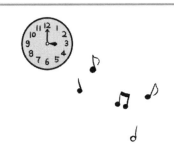 

집중하다

이동하다

완성하다

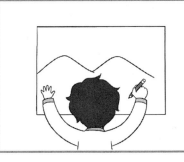  

동사 산출연습

● 다음 그림을 보고 동사를 넣어 문장을 완성하세요.

4시에 ( ).　　놀다 보니 ( ).　　1교시가 되어 ( ).

공부에 ( ).　　실 꿰기에 ( ).　　도미노에 ( ).

교실로 (　　　　　).　　옆으로 (　　　　　).　　과학실로 (　　　　　).

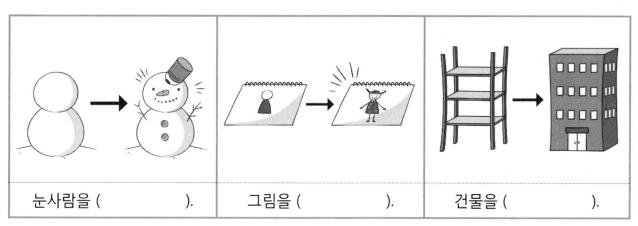

눈사람을 (　　　　　).　　그림을 (　　　　　).　　건물을 (　　　　　).

어휘 추론

● 다음 설명을 읽고 정답이 아닌 것을 하나씩 지워 가세요.

1) | 미술 시간   체육 시간   쉬는 시간   음악 시간 |

  ① 공부시간이에요.

  ② 준비물이 많이 필요해요.

  ③ 작품을 게시판에 전시해요.

정답 _____

2) | 수업 종 치다   집중하다   이동하다   완성하다 |

  ① 수업 시간이에요.

  ② 다 못하면 남아서 마저 하거나 집에서 해 와야 해요.

  ③ 선생님께 검사를 맡아요.

정답 _____

● 다음 문장을 읽고 빈칸을 채워 보세요.

명사

1) [   ] 시간에 필요한 준비물을 사러 문구점에 갔어요.

  도화지, 크레파스, 붓, 물감을 샀어요.

2) 나는 [   ] 시간이 제일 신나요.

  운동장에 나가서 뛰어다닐 수 있으니까요.

3) [   ] 시간에는 악기를 연주해요.

  노래를 부를 때도 있어요.

4) 수업 시간에는 화장실에 갈 수 없어요.

[   ] 시간에 미리 다녀와야 해요.

5) [   ] 시간 종이 쳤어요.

급식실에서 차례로 줄을 서요.

6) [   ] 시간에는 하고 싶은 공부를 할 수 있어요.

오늘은 수학 숙제를 할 거예요.

7) 학교 마친 뒤 [   ]이 있는 날이에요.

나는 바이올린을 배우고 있어요.

동사

1) 점심시간에 밥을 먹고 운동장에서 놀다 보니 (   ).

교실로 들어가야 해요.

2) 모모는 짝꿍과 떠들다가 선생님 말씀을 못 들었어요.

나나는 잘 들으려고 (   ).

3) 체육시간에 운동장에서 피구를 했어요.

끝나고 모두 교실로 (   ).

4) 눈이 와서 눈사람을 만들었어요.

단추로 눈, 코, 입을 만들고, 나뭇가지를 꽂아 팔을 만들어 (   ).

어휘 적용

● 쉬는 시간에 생긴 일

쉬는 시간, 수업 종 치다

모모는 미미와 　　　　　　에 운동장에 나가 공놀이를 했어요.

모모와 미미는 공놀이가 너무 재밌었어요.

그러다가 　　　　 치는 소리를 듣지 못했어요.

모모와 미미는 운동장이 조용해졌다는 것을 깨달았어요.

"앗, 큰일 났다!"

🎤 이야기 나누기

모모와 미미는 왜 큰일 났다고 말했나요?
다음에 어떤 일이 벌어질까요?

● 왜 그럴까?

미술 시간, 체육 시간

나나는 수업 시간 중에서 [ ][ ] 시간이 제일 싫어요.

운동장에서 뛰면 너무 힘이 들어요.

나나는 [ ][ ] 시간이 제일 좋아요.

나나는 그림을 잘 그리거든요.

나나는 커서 멋진 그림을 그리는 화가가 되고 싶어요.

🎤 이야기 나누기

여러분은 학교에서 어떤 과목을 제일 좋아하나요?

어떤 과목이 제일 힘든가요?

어휘 확장

● 오늘 시간표를 기억해서 빈칸을 채우고 설명해 보세요.

1교시	시간
2교시	시간
3교시	시간
4교시	시간
5교시	시간

● 두 개의 말을 합해서 보기와 같이 낱말을 만들어 보세요.

수업 종		
눈보라		
파도		
헤엄	+ 치다	____
소리		
도망		
박수		

제2장

우리 집

1. 집의 종류

명사	치료 전	1	2	3
아파트				
빌라				
주택				
초가집				
기와집				
궁궐				
큰집				
외갓집				
펜션				
통나무집				
호텔				
이글루				

동사	치료 전	1	2	3
생활하다				
장만하다				
수리하다				
예약하다				

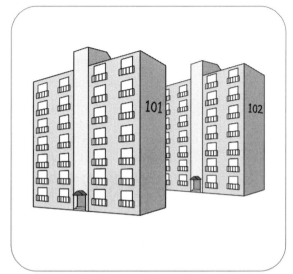

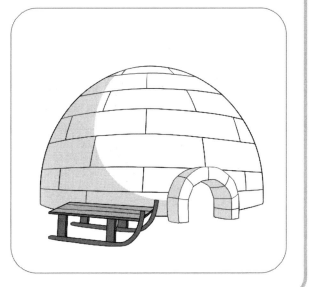

명사 의미습득

● 점선을 따라 그려 보세요. 그림과 문장을 완성해 보세요.

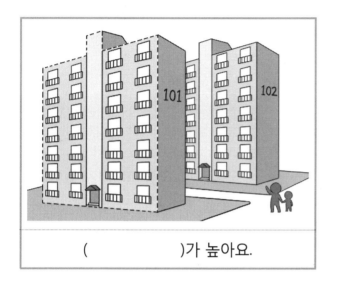

(   )가 높아요.

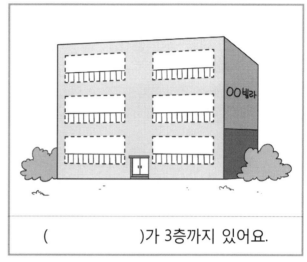

(   )가 3층까지 있어요.

(   )에 마당이 있어요.

옛날에는 (   )에 살았어요.

(   ) 지붕은 파란색이에요.

(   )에 임금님이 살아요.

(　　　　　)에서 세배해요.

(　　　　)에 외할머니, 외할아버지가 있어요.

(　　　　　)에서 고기를 구워 먹었어요.

(　　　　　)은 나무로 만들어요.

여행가서 (　　　　　)에서 잤어요.

(　　　　　)는 얼음으로 만들어요.

명사 산출연습

● 첫 자음 힌트를 보며 단어를 말해 보세요.

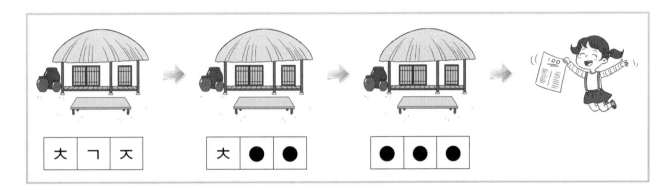

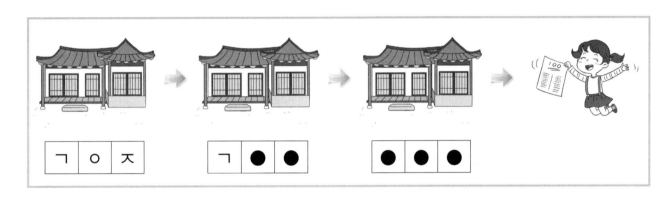

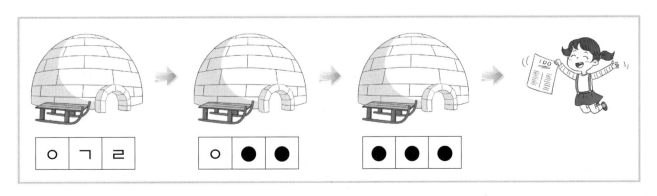

동사 의미습득

● 동사를 넣어 다음 그림을 이야기해 보세요.

생활하다

장만하다

수리하다

예약하다

동사 산출연습

● 다음 그림을 보고 동사를 넣어 문장을 완성하세요.

왕들은 궁궐에서 ( ).	건강하게 ( ).	이글루에서 ( ).

설 음식을 ( ).	새 아파트를 ( ).	새 차를 ( ).

자전거 바퀴를 ( ).	서랍장을 ( ).	자동차를 ( ).

전화로 ( ).	호텔에 방을 ( ).	12일에 ( ).

어휘 추론

● 다음 설명을 읽고 정답이 아닌 것을 하나씩 지워 가세요.

1) | 아파트   주택   초가집   기와집   펜션 |

① 여기서 살아요.

② 옛날 집이 아니에요.

③ 엘리베이터가 있어요.

정답 _____

2) | 생활하다   장만하다   수리하다   예약하다 |

① 자전거가 고장났어요.

② 고칠 수 없어요.

③ 돈을 모아서 새 자전거를 샀어요.

정답 _____

● 다음 문장을 읽고 빈칸을 채워 보세요.

명사

1) 우리 [   ]는 20층까지 있어요.

그 중 우리 집은 14층이에요.

2) 모모가 사는 [   ]는 4층까지 있어요.

엘리베이터가 없어서 걸어 올라가요.

3) 나나네 집에 놀러 가고 싶어요.

[   ]이어서 마당에서 뛰어놀 수 있어요.

4) 민속촌에 놀러 가니 [   ]이 많았어요.

짚으로 지붕을 만들었어요.

5) 옛날 부자들은 [   ]에 살았대요.

기왓장으로 지붕을 만들었어요.

6) 엄마와 함께 경복궁에 갔어요.

왕이 살았던 [   ]이고 엄청 넓었어요.

7) 설날이 되었어요.

[   ]에 모든 친척이 모여서 세배를 했어요.

8) 외할머니, 외할아버지가 보고 싶어요.

[   ]에 가고 싶다고 엄마에게 말했어요.

9) 물놀이를 하고 [   ]에서 잤어요.

고기도 구워 먹고 다락방에도 올라가 보았어요.

10) 숲 속으로 놀러 갔어요.

우리 가족은 나무로 만든 [   ]에서 쉬었어요.

11) 가족 여행을 가서 [   ]에서 잤어요.

아침에는 식당으로 내려가서 빵, 과일, 샐러드를 담아 먹었어요.

12) 눈이 많이 오고 추운 나라에서는 동그랗게 생긴 집이 있대요.

[   ]는 얼음을 차곡차곡 쌓아서 만들었어요.

동사

1) 나나는 학교에 가서 열심히 공부하고 친구들과 신나게 놀기도 해요.

나나는 학교에서 즐겁게 (   ).

2) 이사를 가면 내 방이 생길 거예요.

부모님께서 열심히 일하셔서 새 집을 (   ).

3) 선풍기가 고장나서 안 돌아가요.

서비스 센터에 가지고 가서 (   ).

4) 여름 방학에 계곡으로 물놀이를 가기로 했어요.

그래서 엄마는 펜션을 (   ).

어휘 적용

● 친구 집에 놀러 갔어요.

아파트, 단독 주택

나나와 미미는 단짝 친구에요.

나나는 미미네 집에 놀러 갔어요.

미미네 집은 ☐☐☐ 20층이었어요.

"우와! 여기서 다 내려다보이네!"

나나는 베란다에서 보이는 풍경이 너무 신기했어요.

이번에는 미미가 나나네 집에 놀러 갔어요.

나나네 집은 ☐☐ ☐☐이었어요.

"우와! 마당에서 뛰어놀 수도 있네."

나나와 미미는 마당에서 숨바꼭질을 하며 즐겁게 놀았어요.

🎤 이야기 나누기

나나와 미미는 어떤 집에서 살고 있나요?
아파트와 주택의 차이점을 이야기해 보세요.

● 농부의 집

초가집, 기와집, 장만하다

옛날 어느 마을에 농부가 살았어요.

"난 이 ☐☐☐ 이 싫어. 기와집에서 살면 얼마나 좋을까?"

농부는 열심히 일해서 ☐☐☐ 을 ☐☐ 했어요.

"기와집도 초라해. 저 궁궐에 비하면."

농부는 깊은 한숨을 쉬며 집으로 가고 있었어요.

그때 어디선가 가족들의 웃음소리가 담장 너머로 들려왔어요.

농부는 초가집 옆에 서서 그 웃음소리를 한참 동안 듣고 있었어요.

🎤 이야기 나누기

농부는 왜 열심히 일했을까요?

농부는 초가집에서 들려오는 웃음소리를 들으며 어떤 생각을 했을까요?

어휘 확장

● 다음 보기에서 그림에 해당하는 낱말을 골라 보세요. 그리고 알맞은 낱말을 골라 문장에 넣어 보세요.

보기

집수리　　집장만　　집들이　　집사람

집

① ☐☐☐

② ☐☐☐

③ ☐☐☐

④ ☐☐☐

지붕이 낡아서 (① 　　　　　　　)를 했어요.

돈을 모아서 (② 　　　　　　　)을 했어요.

이사를 가서 (③ 　　　　　　　)를 했어요.

아빠는 아빠 친구에게 엄마를 (④ 　　　　　　　)이라고 소개했어요.

168

● 다음을 셈 단위를 넣어 세어 보세요.

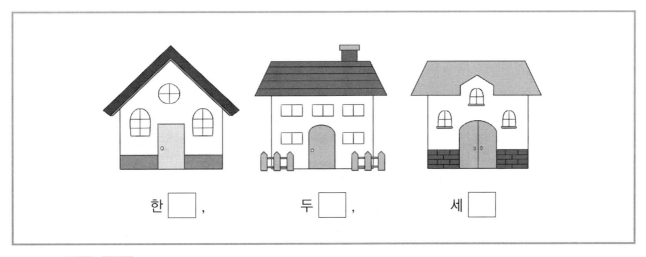

한 ⬜ , 두 ⬜ , 세 ⬜

① 집이 ⬜⬜ 있어요.

한 ⬜⬜ , 두 ⬜⬜ , 세 ⬜⬜ , 네 ⬜⬜

② 꽃이 ⬜⬜⬜ 있어요.

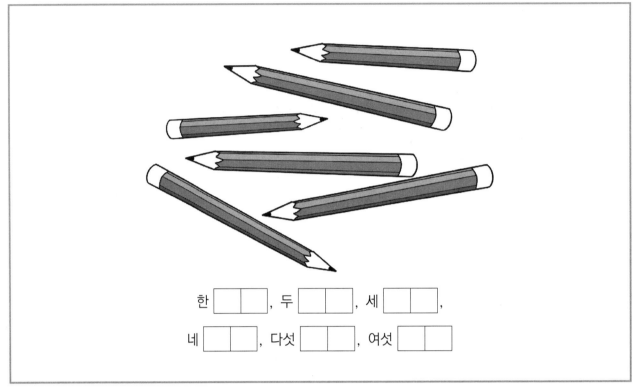

한 ☐☐, 두 ☐☐, 세 ☐☐,
네 ☐☐, 다섯 ☐☐, 여섯 ☐☐

③ 연필이  있어요.

한 ☐☐, 두 ☐☐, 세 ☐☐

④ 나무가 ☐☐☐ 있어요.

2. 집의 구조

 어휘 목록(습득 +, 미습득 -)

	명사	치료 전	1	2	3
아파트	현관				
	엘리베이터				
	경비실				
	우편함				
	정원				
	주차장				
주택	마당				
	담벼락				
	지붕				
	울타리				
	대문				
	굴뚝				
구조	현관				
	지하실				
	마루				
	안방				
	거실				
	주방				
	화장실				
	다용도실				
	베란다				
	재활용함				

동사	치료 전	1	2	3
분리수거 하다				
단속하다				
마중하다				
배웅하다				

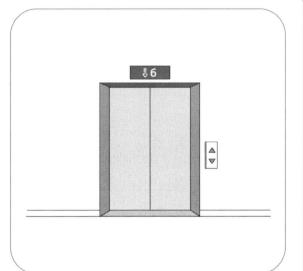

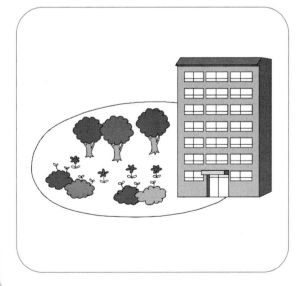

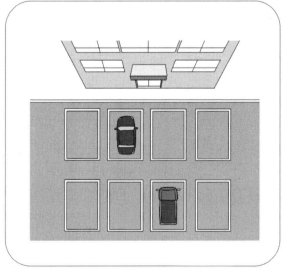

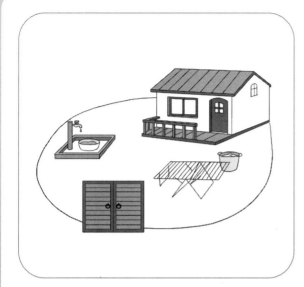

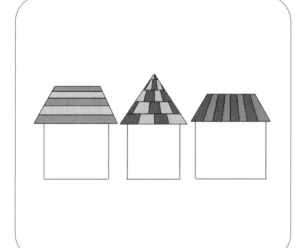

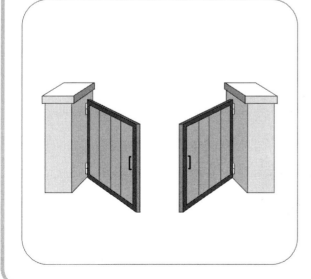

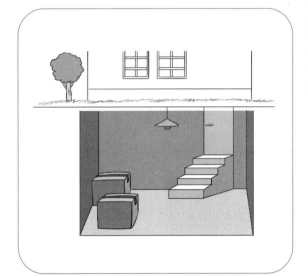

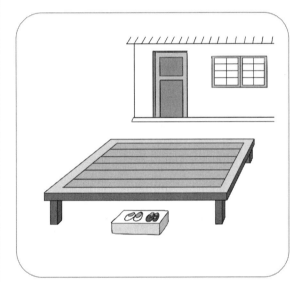

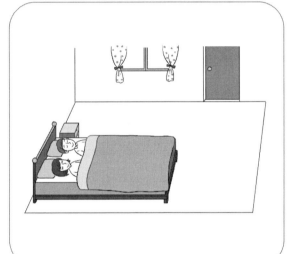

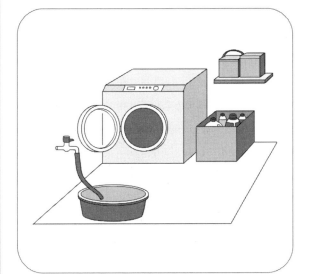

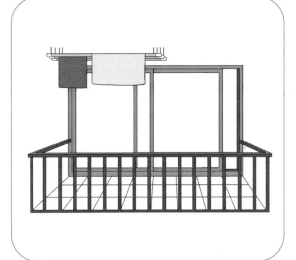

명사 의미습득

● 점선을 따라 그려 보세요. 그림과 문장을 완성해 보세요.

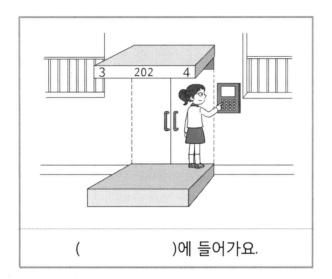

(   )에 들어가요.

(   )를 기다려요.

(   )에 경비아저씨가 있어요.

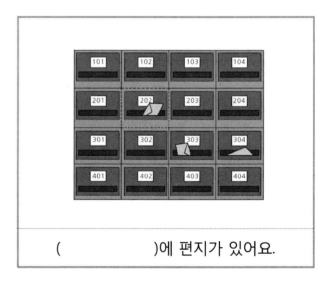

(   )에 편지가 있어요.

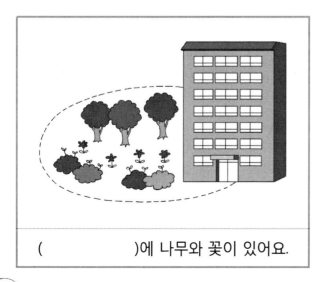

(   )에 나무와 꽃이 있어요.

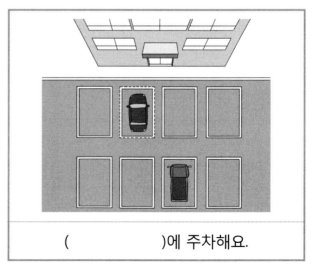

(   )에 주차해요.

(   )에서 빨래를 널어요.

(   )이 높아요.

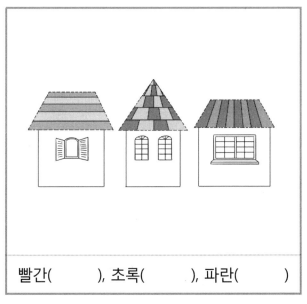

빨간(   ), 초록(   ), 파란(   )

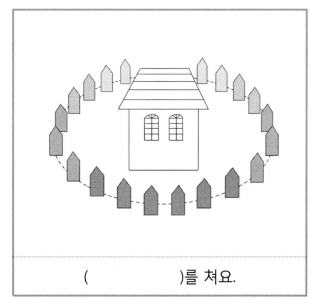

(   )를 쳐요.

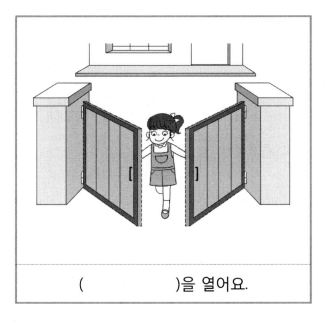

(   )을 열어요.

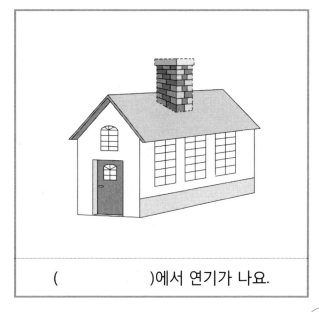

(   )에서 연기가 나요.

177

(   )에서 신발을 벗어요.

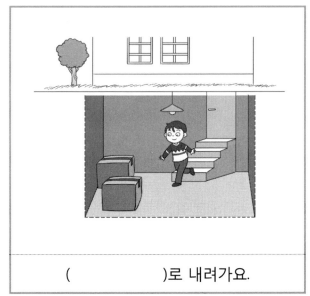

(   )로 내려가요.

(   )에 앉아요.

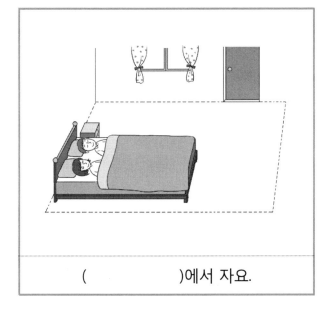

(   )에서 자요.

(   )에서 텔레비전을 봐요.

(   )에서 요리해요.

(   )에서 샤워해요.

(   )에 물건들을 정리해요.

(   )에서 빨래를 말려요.

(   )에 분리수거를 해요.

명사 산출연습

● 첫 자음 힌트를 보며 단어를 말해 보세요.

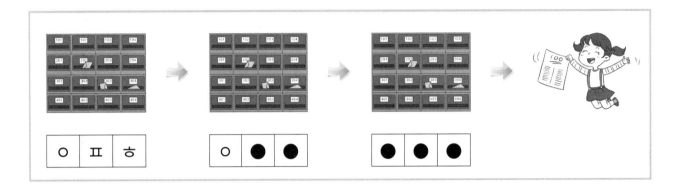

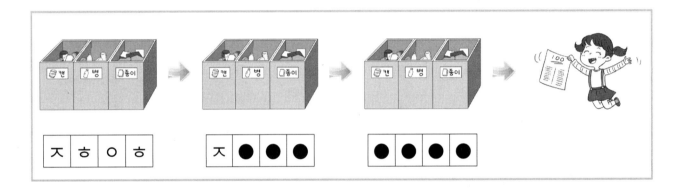

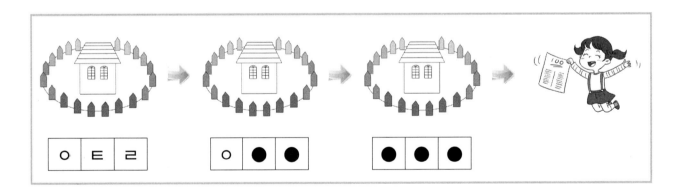

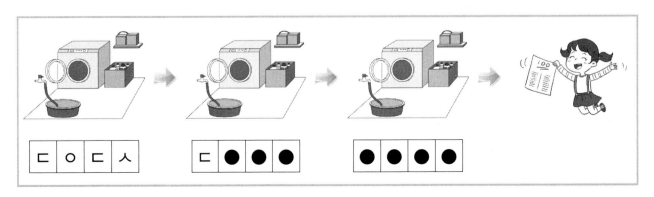

동사 의미습득

● 동사를 넣어 다음 그림을 이야기해 보세요.

분리수거 하다

단속하다

마중하다

배웅하다

동사 산출연습

● 다음 그림을 보고 동사를 넣어 문장을 완성하세요.

쓰레기를 (　　　　　).　　　종이와 병을 (　　　　　).

현관문이 잘 잠겼는지
(　　　　　).　　　경찰이 (　　　　　).

할아버지를 ( ).	집 앞에서 ( ).	친구들을 ( ).

대문까지 ( ).	자동차로 ( ).	할머니를 ( ).

어휘 추론

● 다음 설명을 읽고 정답이 아닌 것을 하나씩 지워 가세요.

1)
엘리베이터　화장실　거실　다용도실　베란다

① 움직이지 않아요.

② 두 개인 경우도 있어요.

③ 거울이 달려 있어요.

정답 _____

2)
분리수거 하다　단속하다　마중하다　배웅하다

① 손님과 관계가 없어요.

② 문, 가스레인지, 음주운전

정답 _____

● 다음 문장을 읽고 빈칸을 채워 보세요.

명사

1) 아파트 [   ]에서 비밀번호를 눌러요.

그리고 아파트 안으로 들어갈 수 있어요.

2) 15층으로 올라가야 하는데 [   ]가 고장이 났어요.

계단으로 걸어 올라가면 너무 힘들 것 같아요.

3) [   ]에 가서 택배를 찾아왔어요.

경비아저씨께서 친절하게 찾아 주셨어요.

4) 네모난 [   ]에 편지가 들어 있어요.

   우체국 아저씨가 편지를 넣어 주셨어요.

5) [   ]에는 여러 가지 꽃과 나무가 있어요.

   꽃과 나무를 자주 볼 수 있어서 좋아요.

6) 자동차를 타고 마트에 가기로 했어요.

   아빠가 지하 [   ]에 가서 차를 가지고 와요.

7) 엄마를 도와야겠어요.

   [   ]에 나가서 빨래도 널고 정원에 물도 뿌려요.

8) 우리 집 [   ]에는 낙서가 있어요.

   어릴 때 내가 그린 그림이 대문 옆에 있어요.

9) 비가 오니 집 안으로 물이 떨어져요.

   [   ]에 구멍이 생겼나 봐요.

10) 친구네 집은 담벼락을 없앴어요.

    그 대신 낮은 [   ]를 쳤어요.

11) 친구 집에 놀러 가서 초인종을 눌러요.

    [   ]이 열리고 마당으로 들어가요.

12) 지붕 위를 보니 연기가 나고 있어요.

[   ]에서 연기가 나오는 것이에요.

13) 엄마가 [   ]으로 들어오면서 모모를 불렀어요.

신발을 가지런히 정리해 놓아야 한다고 하셨어요.

14) 캄캄한 [   ]로 내려가면 무서워요.

자주 안 쓰는 물건들을 보관해요.

15) 신발을 벗고 [   ]에 올라왔어요.

앉아서 수박도 먹고 바람도 부니 너무 시원해요.

16) 오늘은 혼자 자기 싫어요.

엄마, 아빠와 함께 [   ]에서 잘래요.

17) 우리 가족이 모두 [   ]에 모여요.

소파에 앉아서 TV를 보니 즐거워요.

18) 갑자기 타는 냄새가 나요.

엄마가 얼른 [   ]에 가서 가스레인지 불을 껐어요.

19) 모래장난을 하고 집으로 들어왔어요.

[   ]에 가서 얼른 샤워해야겠어요.

20) 모래가 묻은 옷을 벗어서 방에 놔뒀어요.

엄마가 옷은 [　　　　　　　　　]에 있는 빨래 바구니에 넣으라고 하셔요.

21) 우리 집은 아파트여서 정원이 없어요.

대신 [　　　　　　　　]에 화분을 두고 나무를 키워요.

22) 플라스틱, 종이, 캔은 다시 사용할 수 있대요.

[　　　　　　　　]에 담아서 분리수거 해야 해요.

동사

1) 일주일 동안 비닐봉지, 캔, 플라스틱 등 쓰레기가 많이 쌓였어요.

일요일 아침에 모모는 아빠와 함께 (　　　　　　　).

2) 아빠가 자기 전에 대문과 현관문을 잠가요.

집 안팎을 둘러보며 (　　　　　　).

3) 시골에서 할아버지께서 올라오신대요.

모모는 엄마와 기차역으로 가서 할아버지를 (　　　　　　).

4) 할아버지와 할머니께서 시골로 가시는 날이에요.

나나는 대문 앞까지 할아버지, 할머니를 (　　　　　　).

어휘 적용

● 강아지가 없어졌어요.

현관, 경비실

모모엄마는 청소를 하면서 현관문을 잠시 열었어요.

그러자 강아지 둥이가 [　　　] 문으로 나가 버렸어요.

모모와 모모 엄마는 깜짝 놀라 강아지를 쫓아 나갔어요.

그러나 둥이는 보이지 않았어요.

주차장에도 재활용함 쪽에도 없었어요.

모모네 가족은 둥이가 너무 걱정이 되었어요.

그때 경비실에서 '멍멍'하고 짖는 소리가 들렸어요.

모모네 가족은 [　　　] 로 달려갔어요.

모모는 둥이를 보자마자 꼬옥 끌어안았어요.

🎙️ 이야기 나누기

모모네 가족은 왜 걱정을 했나요?

경비아저씨가 무슨 이야기를 하셨을지 다음에 일어날 일을 이야기해 보세요.

● 분리수거는 왜 해요?

엘리베이터, 재활용품, 재활용함

"모모야, 분리수거 좀 도와줘."

엄마가 모모를 불렀어요.

모모는 마지못해 엄마를 따라나섰어요.

엘리베이터에는 ☐☐☐☐ 을 들고 있는 아줌마, 아저씨가 많았어요.

"아휴, 쓰레기봉투에 다 넣어 버리면 되지. 귀찮아 정말."

모모는 투덜거리며 ☐☐☐☐☐ 에서 내렸어요.

그러자 ☐☐☐☐ 앞에 있던 나나가

"모모야, 이것들은 다 다시 쓸 수 있는 것들이야. 이걸 다 버리면 지구는 쓰레기로 가득 찰지도 몰라."

모모는 깜짝 놀랐어요.

🎙 이야기 나누기

분리수거는 왜 할까요?

쓰레기가 많아지면 어떤 일이 일어날까요?

어휘 확장

● 다음 [보기]에서 그림에 해당하는 낱말을 골라 보세요. 그리고 알맞은 낱말을 골라 문장에 넣어 보세요.

보기

| 지하실 | 반지하 | 지하철 | 지하도 |

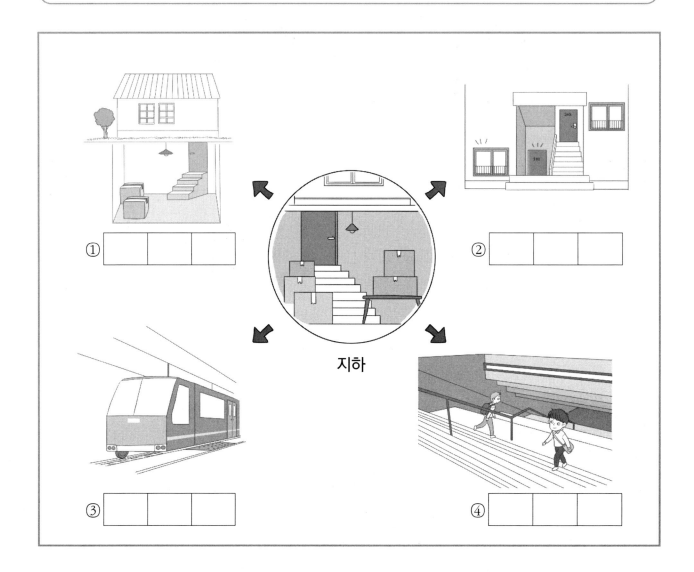

지하

건물 밑에 (①   )이 있어요.

(②   )라 햇볕이 조금만 들어요.

(③   )을 타러 갔어요.

횡단보도 대신 (④   )로 갔어요.

● 다음 재활용품을 같은 종류끼리 분리수거를 해 보세요.

3. 구조별 가구 및 물건

 어휘 목록(습득+, 미습득-)

	명사	치료 전	1	2	3
현관	열쇠				
	신발장				
	번호키				
안방	침대				
	화장대				
	장롱				
	선풍기				
방	서랍장				
	형광등				
	정리함				
	지구본				
	달력				
	책상				
	책장				
거실	리모컨				
	스위치				
	액자				
	탁자				
	소파				
	커튼				
	화분				
	인터폰				
	카펫				
	물뿌리개				
	에어컨				

명사		치료 전	1	2	3
주방	싱크대				
	가스레인지				
	전자레인지				
	프라이팬				
	냄비				
	국자				
	주걱				
	그릇				
	접시				
	쟁반				
	개수대				
	행주				
화장실	세면대				
	욕조				
	샤워기				
	변기				
	온수				
	냉수				
	수도꼭지				
	샴푸				
	린스				
다용도실	빨래건조대				
	진공청소기				
	다리미				
	다리미판				

동사	치료 전	1	2	3
환기시키다				
널다/걷다/개다				
설치하다				
분담하다				

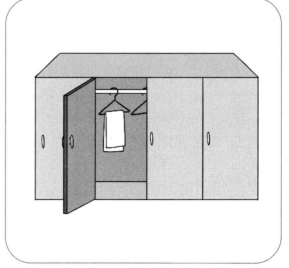

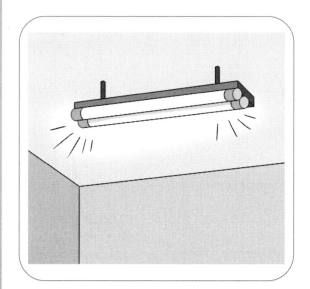

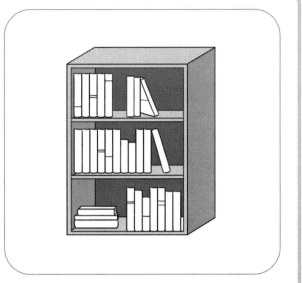

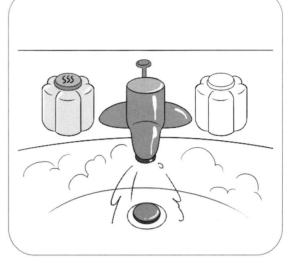

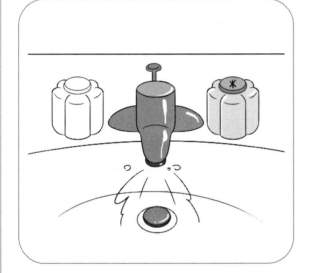

샴푸

린스

명사 의미습득

● 점선을 따라 그려 보세요. 그림과 문장을 완성해 보세요.

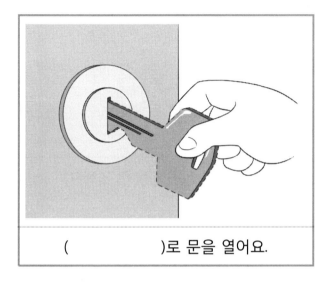

(　　　　　　)로 문을 열어요.

(　　　　　　)에 신발을 넣어요.

(　　　　　　)를 눌러요.

(　　　　　　)에서 자요.

(　　　　　　)에서 로션을 발라요.

(　　　　　　)에 옷을 걸어요.

(   )를 켜요.

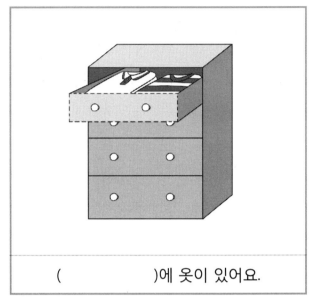

(   )에 옷이 있어요.

(   )을 켜요.

(   )에 정리해요.

(   )을 봐요.

(   )을 넘겨요.

(   )에서 공부해요.

(   )에 책을 꽂아요.

(   )으로 텔레비전을 켜요.

(   )로 켜요.

(   )가 벽에 걸려 있어요.

(   ) 위에 과일이 있어요.

(   )에 앉아요.

(   )을 걷어요.

(   )에 물을 줘요.

(   )으로 누가 왔는지 봐요.

(   )이 바닥에 깔려 있어요.

(   )로 물을 뿌려요.

(   )을 켜서 시원해요.

(   )에서 설거지해요.

(   )에 불을 켜요.

(   )로 음식을 데워요.

(   )에 구워요.

(   )에 끓여요.

(   )로 국물을 떠요.

(   )으로 밥을 퍼요.

밥(   )과 국(   )

(   )에 반찬을 담아요.

(   ) 위에 접시가 있어요.

(   )에서 설거지해요.

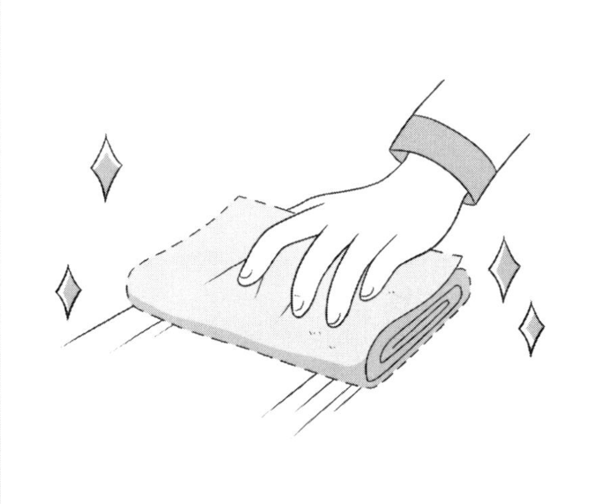

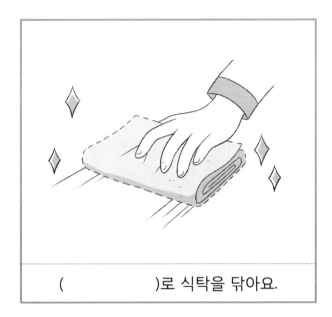

(   )로 식탁을 닦아요.

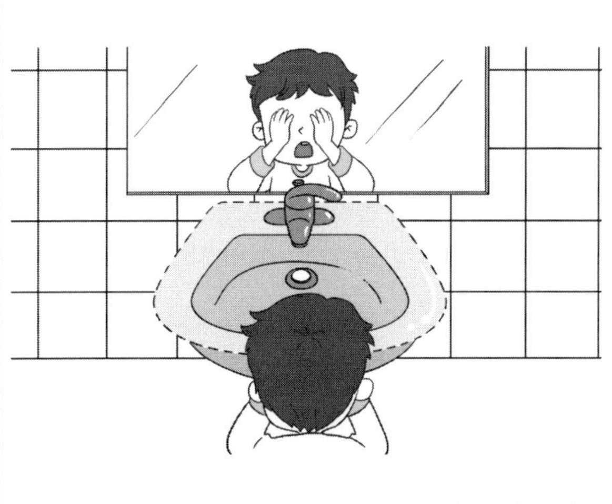

(   )에서 세수해요.

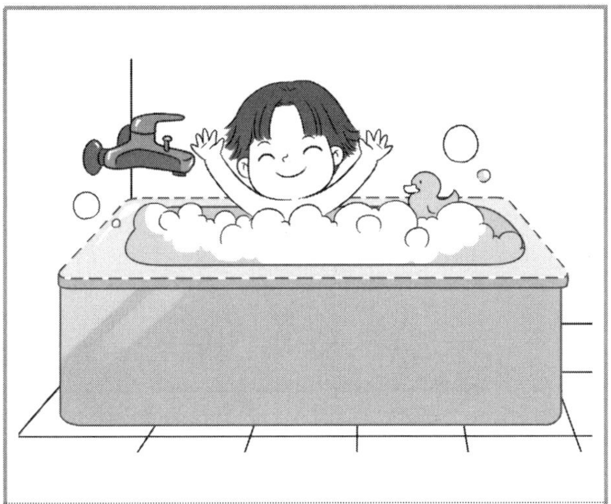

(   )에서 목욕해요.

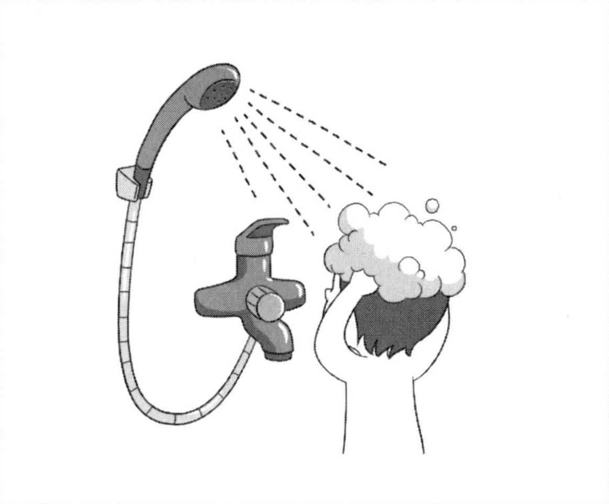

(   )에서 물이 나와요.

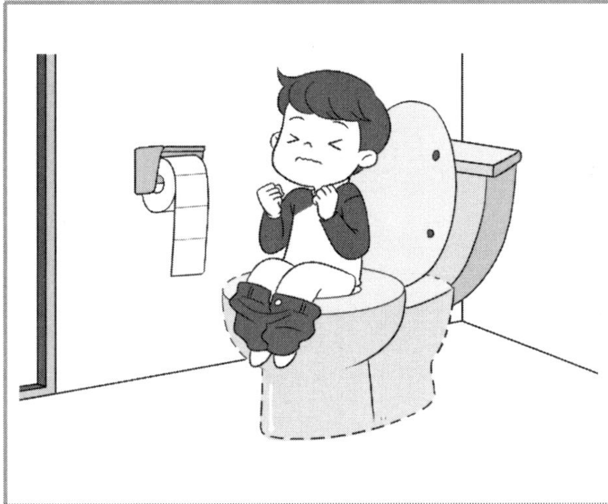

(   )에서 똥을 눠요.

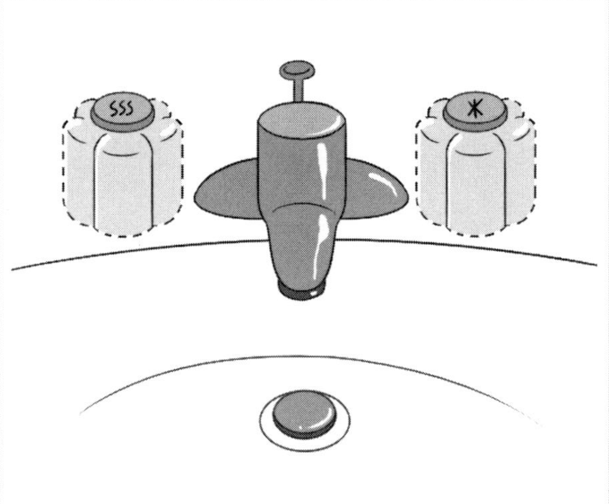

(   )는 뜨거운 물,
(   )는 차가운 물

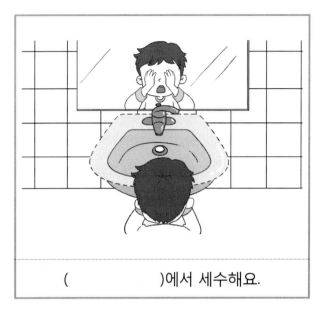

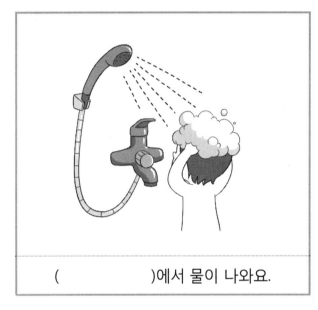

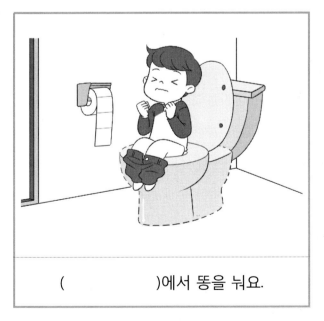

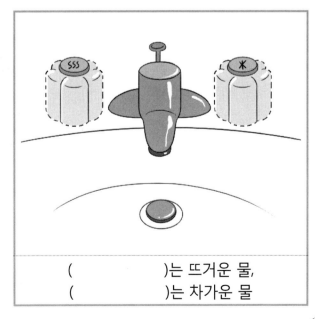

(   )를 잠가요.

(   )와 (   )로 머리를 감아요.

(   )에 빨래를 널어요.

(   )로 청소해요.

(   )에 놓고 (   )로 다려요.

명사 산출연습

● 첫 자음 힌트를 보며 단어를 말해 보세요.

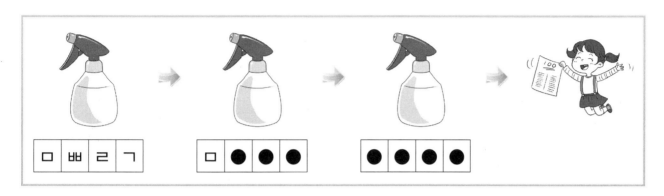

| ㅁ | ㅃ | ㄹ | ㄱ |

| ㅁ | ● | ● | ● |

| ● | ● | ● | ● |

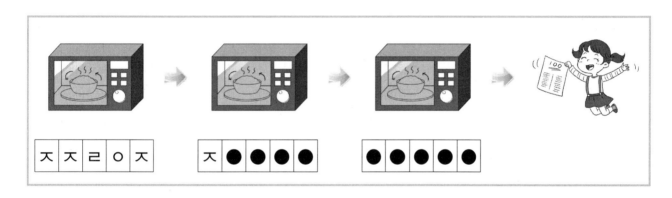

| ㅈ | ㅈ | ㄹ | ㅇ | ㅈ |

| ㅈ | ● | ● | ● | ● |

| ● | ● | ● | ● | ● |

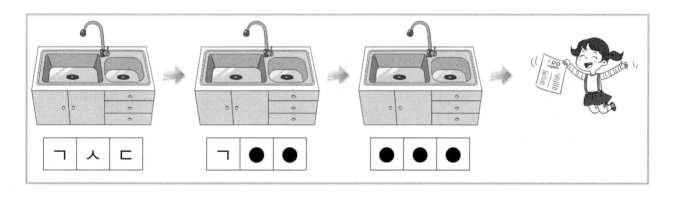

| ㄱ | ㅅ | ㄷ |

| ㄱ | ● | ● |

| ● | ● | ● |

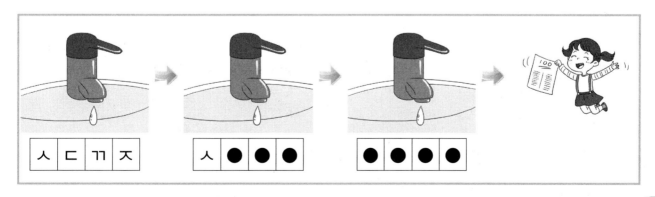

| ㅅ | ㄷ | ㄲ | ㅈ |

| ㅅ | ● | ● | ● |

| ● | ● | ● | ● |

동사 의미습득

● 동사를 넣어 다음 그림을 이야기해 보세요.

환기시키다

 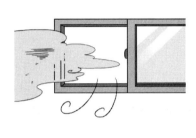 

널다/걷다/개다

설치하다

분담하다

동사 산출연습

● 다음 그림을 보고 동사를 넣어 문장을 완성하세요.

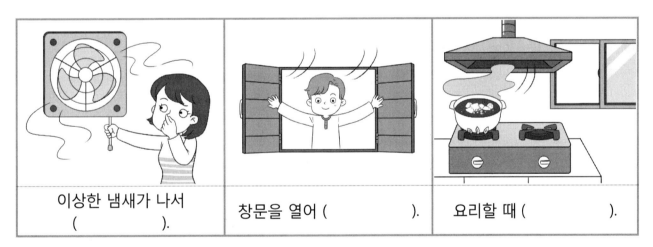

| 이상한 냄새가 나서 ( ). | 창문을 열어 ( ). | 요리할 때 ( ). |

햇볕에 빨래를 (   ).

빨랫줄에 (   ).

비가 와서 빨래를 (   ).

빨래가 말라서 (   )!

엄마가 빨래를 (   ).

바지를 (   ).

| 에어컨을 ( ). | 간판을 ( ). | 무대를 ( ). |

| 같이 ( ). | 집안 청소를 ( ). | 저녁 식사 준비를 ( ). |

🛰 어휘 추론

● 다음 설명을 읽고 정답이 아닌 것을 하나씩 지워 가세요.

1)

걸레   행주   수건   다리미

① 닦는 거예요.

② 깨끗한 것으로 사용해야 해요.

③ 개수대에서 빨아요.

정답 _____

2)

널다   걷다   개다   환기시키다

① 빨랫줄과 관련이 있어요.

② 다 말랐어요.

③ 옷장에 넣기 전에 해요.

정답 _____

● 다음 문장을 읽고 빈칸을 채워 보세요.

명사

1) 방문이 잠겼어요.

   [   ]를 찾아서 열어야 해요.

2) 현관이 너무 지저분해요.

   신지 않는 신발은 [   ]에 넣어요.

3) [   ]를 현관문에 달았어요.

   이제는 비밀번호를 누르고 문을 열 수 있어요.

4) 푹신푹신한 [   ]에 누워요.

   솔솔 잠이 잘 와요.

5) 엄마는 외출하기 전 [   ] 앞에 앉아요.

   거울을 보며 로션도 바르고 립스틱도 발라요.

6) 옷걸이에 옷을 걸어서 [   ]에 보관해요.

   이불도 보관할 수 있어요.

7) 더울 때엔 [   ]를 틀어요.

   빙글빙글 날개가 돌아가면서 바람이 나와요.

8) 내 방 [   ]에는 서랍이 3개 있어요.

   맨 위 칸에는 양말, 가운데는 티셔츠, 맨 밑에는 바지를 정리해 놓았어요.

9) 깜빡깜빡 방이 어두워지려고 해요.

   아빠에게 [   ]을 갈아 달라고 해야겠어요.

10) 내 동생은 말을 잘 안 들어요.

   장난감을 [   ]에 넣어야 하는데 정리를 안 해요.

11) [   ]을 보니 신기해요.

   빙글빙글 돌려보며 세계 여러 나라를 찾아봤어요.

12) 내 생일은 다음 달이에요.

무슨 요일일까 궁금해서 [   ]을 봤어요.

13) 소파에 누워서 책을 보고 있었어요.

엄마가 [   ]에서 바른 자세로 책을 봐야 한다고 하셨어요.

14) 엄마가 책을 선물로 주셨어요.

[   ]에 꽂아 두고 한 권씩 볼 거예요.

15) [   ]이 어디 갔는지 도무지 보이지 않아요.

텔레비전을 켜려고 하는데 없으니 불편해요.

16) 이제 잠을 잘 시간이에요.

[   ]를 눌러서 불을 꺼요.

17) 가족사진을 찍었어요.

[   ]에 넣어 거실에 걸어 뒀어요.

18) 밥을 다 먹고 과일을 먹으려고 해요.

모두 거실에 모여서 [   ] 위에 과일을 올려놓고 먹어요.

19) 가족이 모두 거실에 모여 있어요.

[   ]에 편하게 기대앉아서 이야기해요.

20) 창문의 햇볕이 눈이 부셔요.

　　[　　　　　　　　　　　]을 쳐야겠어요.

21) 선인장을 예쁜 [　　　　　　　　　]에 심었어요.

　　다른 식물도 심을 거예요.

22) 딩동딩동 [　　　　　　　]이 울려서 받아 보았어요.

　　친구가 놀러 왔대요.

23) 거실에 깔아 놓은 [　　　　　　　　　]에 강아지가 오줌을 쌌어요.

　　엄마와 함께 빨아야겠어요.

24) [　　　　　　　　]로 물을 뿌려요.

　　나뭇잎이 촉촉해졌어요.

25) 너무 더운 날은 선풍기를 틀어도 더워요.

　　[　　　　　　　　]을 켜면 제일 시원해요.

26) 엄마는 주방에 있는 [　　　　　　　　]에서 요리를 해요.

　　설거지도 하고 그릇도 정리해요.

27) [　　　　　　　　]를 켜면 불이 나와서 냄비가 뜨거워져요.

　　어린이는 함부로 만지면 안 돼요.

28) [   ]에 음식을 넣고 버튼을 눌러요.

   금방 음식이 데워졌어요.

29) 엄마가 맛있는 볶음밥을 해 주신대요.

   [   ]에 밥과 채소와 햄을 넣고 볶아요.

30) 보글보글 국물이 끓는 소리가 나요.

   [   ]에 미역국이 끓고 있네요.

31) 숟가락으로는 국물을 그릇에 담을 수 없어요.

   [   ]가 필요해요.

32) 전기밥솥에 밥이 다 되었어요.

   [   ]으로 밥을 퍼야겠어요.

33) 밥과 국물을 떠서 [   ]에 담아요.

   맛있게 잘 먹겠습니다.

34) 맛있는 반찬들을 [   ]에 담아요.

   식탁에 놓고 맛있게 먹어요.

35) 그릇들을 옮길 때 [   ]이 필요해요.

   여러 개의 그릇과 접시를 한꺼번에 옮길 수 있어요.

36) 밥을 다 먹고 나면 [   ] 안에 그릇을 넣어요.

　　엄마가 잘했다고 칭찬해 주셨어요.

37) 식탁을 닦을 때엔 걸레로 닦으면 안 돼요.

　　깨끗한 [   ]로 닦아요.

38) 아침에 일어나 세수를 해요.

　　[   ]에 물을 받아서 비누 거품을 헹궈요.

39) 화장실에 있는 [   ]에 들어가 목욕을 해요.

　　깨끗하게 몸을 씻어요.

40) 샤워 할 때 물을 틀면 [   ]에서 물이 나와요.

　　긴 호스로 연결되어 있어요.

41) 오줌을 누고 나서 [   ]물을 꼭 내려야 해요.

　　냄새가 날 수도 있으니까요.

42) 겨울에는 [   ]를 틀어요.

　　따뜻한 물로 샤워해요.

43) 온수가 안 나오고 [   ]만 나와요.

　　너무 차가워서 씻을 수 없어요.

44) [   ]를 틀어 놓고 세수를 하면 안 돼요.

　　물을 아껴 써야 해요.

45) 머리를 감다가 눈물이 났어요.

　　[   ]가 눈에 들어갔기 때문이에요.

46) 머리카락이 뻣뻣해서 [   ]로 한 번 더 감았어요.

　　머리카락이 부드러워졌어요.

47) 빨래가 다 되었어요.

　　빨래를 하나씩 엄마에게 주면 엄마가 [   ]에 널어요.

48) 바닥에 먼지가 많이 있어요.

　　걸레로 닦기 전에 [   ]로 빨아들여요.

49) 아빠의 와이셔츠가 구겨져서 [   ]를 꺼냈어요.

　　엄마가 뜨거우니 옆에 가지 말라고 하셨어요.

50) 다리미로 다릴 때는 [   ]이 필요해요.

　　그 위에 올려놓고 옷을 다려요.

동사

1) 토요일 저녁에 집에서 삼겹살을 구워 먹었어요.

　　방 안에 연기가 가득 차서 창문을 열어 (　　　　　　　　　).

2) 세탁기에 빨래를 돌려요.

　　깨끗이 빨고 빨랫줄에 (　　　　　　　　).

3) 햇빛이 쨍쨍해서 빨래가 금방 말랐어요.

　　빨랫줄에서 빨래를 (　　　　　　　　).

4) 보송보송하게 말린 빨래를 (　　　　　　　　).

　　그리고 서랍장에 넣었어요.

5) 너무 더워서 에어컨을 샀어요.

　　새 에어컨을 벽에 (　　　　　　　　).

6) 엄마는 빨래하고, 아빠는 화장실 청소를 하고, 나는 방 안을 정리해요.

　　가족 모두 집안일을 (　　　　　　　　　).

어휘 적용

● 앗, 뜨거워!

가스레인지, 냄비, 국자

오늘은 모모 엄마가 외출을 하셨어요.

모모 엄마는 누나에게 점심이 되면 국을 데워 먹으라고 하셨어요.

누나는 국 냄비를 [ ][ ][ ][ ][ ] 위에 올렸어요.

그리고 국자로 국물을 떠먹어 보고는

"더 데워야겠다."

하며 국자를 [ ][ ] 위에 올려놨어요.

잠시 후 누나는 [ ][ ]를 잡다가

"앗, 뜨거워!"

하고 소리쳤어요.

🎙 이야기 나누기

누나는 왜 뜨겁다고 소리쳤을까요?
다음에 어떤 일이 벌어질까요?

● 파리를 잡아라!

거실

모모네 거실에 파리가 들어왔어요.

모모가 수박을 먹으려고 하자 파리가 자꾸만 날아왔어요.

"에잇, 귀찮은 파리!"

모모는 파리를 잡으려고 파리채를 꺼냈어요.

그리고는 파리가 탁자 위에 앉았을 때 파리채로 내리쳤어요.

하지만 파리는 재빨리 날아가 버렸어요.

다음엔 화분, 커튼, 액자.

모모가 파리채를 내리칠 때마다 파리는 순식간에 도망갔어요.

모모는 약이 올라서 여기저기 파리채를 세게 내리쳤어요.

액자가 떨어지고 물뿌리개가 쓰러졌어요.

슈퍼에 갔다 오신 모모엄마는 엉망이 된 ☐☐ 을 보고 깜짝 놀라고 말았어요.

🎤 이야기 나누기

파리가 앉았던 곳을 모두 이야기해 보세요.
여러분이 모모라면 어떻게 할 건가요?

어휘 확장

● 다음 보기에서 그림에 해당하는 낱말을 골라 보세요. 그리고 알맞은 낱말을 골라 문장에 넣어 보세요.

보기

온수   냉수   음료수   홍수

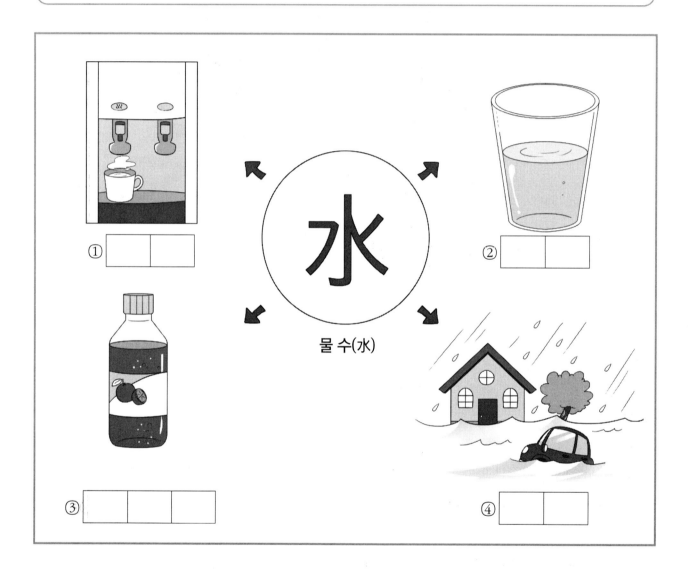

물 수(水)

정수기에 (①   ) 버튼을 누르면 뜨거운 물이 나오니 조심해야 해요.

더워서 시원한 (②   )를 마셨어요.

소풍을 갈 때 (③   )를 싸 갔어요.

비가 많이 와서 (④   )가 났어요.

● 다음 물건들의 공통점을 이야기해 보세요.

① 냄비, 접시, 그릇, 행주

② 전기밥솥, 진공청소기, 다리미, 텔레비전

③ 에어컨, 부채, 냉장고, 선풍기

④ 샴푸, 린스, 비누, 세탁기

참고문헌

김광해(2003). 등급별 국어교육용 어휘. 서울: 박이정.

김영태, 박현주, 민홍기(2003). 보완ㆍ대체의사소통도구 개발을 위한 학령기 아동 및 성인의 핵심어휘 조사. 언어청각장애연구, 8(2), 93-110.

김종욱(2015). 국어 어휘 어법 사전. 서울: 미문사.

김하수, 유현경, 김해옥, 정희정, 강현화(2007). 한국어 연어 사전. 서울: 커뮤니케이션북스.

이영미, 김영태, 박은혜(2005). 학령기 아동의 학교상황 어휘 연구. Communication Sciences and Disorders, 10(1), 134-152.

채인선(2008). 나의 첫 국어사전. 서울: 초록아이.

감수자 소개

황민아
(Hwang, Mina)

서울대학교 심리학과 문학사
서울대학교 심리학과 문학 석사(언어심리학 전공)
미국 미네소타 대학교 언어병리학 박사(언어병리학 전공)
미국 Mayo Clinic 신경과 언어치료 fellow
현 단국대학교 특수교육과 교수
　　한국언어장애전문가협회, 한국언어청각임상학회 이사

〈대표 저서〉
신경 의사소통장애(공역, 박학사, 2014)
학령기 아동의 언어치료 프로그램(공저, 학지사, 2010)
RA-RCP 읽기 성취 및 읽기 인지처리 능력검사(공동개발, 학지사심리검사연구소, 2014)

저자 소개

최용주
(Choi, Yongzoo)

단국대학교 일반대학원 언어병리학 박사
전 일산백병원 언어재활사
현 부천 말과놀이아동발달센터 원장

〈대표 저서〉
학령기 아동의 언어치료 프로그램(공저, 학지사, 2010)
닮은 문장 다른 이야기1 (말과놀이, 2020)

황주영
(Hwang, Juyoung)

단국대학교 특수교육대학원 특수교육학과 교육학 석사(언어치료 전공)
전 성세재활병원 언어재활사
현 말과놀이언어교육원 언어재활사

박용희
(Park, Yonghee)

단국대학교 일반대학원 특수교육학과 교육학 석사(언어병리학 전공)
전 라파엘발달심리상담센터 언어재활사
　　해수상담클리닉 언어재활사
현 봄봄아동청소년발달센터 원장

학령기 아동의 어휘치료 프로그램(기본편)
Vocabulary Treatment Program for School-aged Children

2016년 3월 25일 1판 1쇄 발행
2023년 6월 20일 1판 4쇄 발행

감수자 • 황 민 아
지은이 • 최용주 · 황주영 · 박용희
펴낸이 • 김 진 환
펴낸곳 • (주)**학지사**
　　　　 04031 서울특별시 마포구 양화로 15길 20 마인드월드빌딩 5층
대표전화 • 02) 330-5114　　　팩스 • 02) 324-2345
등록번호 • 제313-2006-000265호
홈페이지 • http://www.hakjisa.co.kr
페이스북 • https://www.facebook.com/hakjisabook
ISBN 978-89-997-0914-2　93180

정가 **20,000원**

출판미디어기업 **학지사**

간호보건의학출판 **학지사메디컬** www.hakjisamd.co.kr
심리검사연구소 **인싸이트** www.inpsyt.co.kr
학술논문서비스 **뉴논문** www.newnonmun.com
원격교육연수원 **카운피아** www.counpia.com